# Délivrez-nous du corps

## Du même auteur

*11 Septembre, le jour du chaos*, avec N. Bacharan, Pocket, 2013 et Perrin, 2011.
*Le Guide des élections américaines*, avec N. Bacharan, Perrin, 2012.
*L'Heure de pointe* (roman), Actes Sud, 2010.
*Au nom des enfants du monde*, avec Caroline de Monaco, Seuil, 2009.
*La Femme qui danse*, avec M.-C. Pietragalla, Seuil, 2008.
*Couleurs, le grand livre*, avec M. Pastoureau, Panama, 2008.
*Le Petit Livre des couleurs*, avec M. Pastoureau, Points, 2007.
*Une vie en plus*, avec J.-L. Servan-Schreiber, J. de Rosnay, F. de Closets, Seuil, 2005 et Points, 2007.
*Némo dans les étoiles* (roman), avec N. Bacharan, Seuil, 2004.
*La Plus Belle Histoire de l'amour*, Seuil, 2003 et Points, 2007.
*Némo en Egypte* (roman), avec N. Bacharan, Seuil, 2002.
*Némo en Amérique* (roman), avec N. Bacharan, Seuil, 2001.
*L'amour expliqué à nos enfants*, avec N. Bacharan, Seuil, 2000.
*Bébé, mode d'emploi*, Seuil, 2000.
*Le Livre de Némo* (roman), avec N. Bacharan, Seuil, 1996.
*La Plus Belle Histoire de l'homme*, avec A. Langaney, J. Clottes, J. Guilaine, Seuil, 1998 et Points, 2000.
*La Plus Belle Histoire du monde*, avec H. Reeves, J. de Rosnay, Y. Coppens, Seuil, 1996 et Points, 2001.
*Vivent les bébés !* Points, 1991.
*L'Ecologisme*, PUF, coll. « Que sais-je ? », 1991, 1994.
*Qu'est-ce que l'écologie ?* Hatier, 1992.

Site : www.dominiquesimonnet.com

Dominique Simonnet

# Délivrez-nous du corps

*roman*

PLON
www.plon.fr

ISBN : 978-2-259-22136-8

*Moi, je buvais, crispé comme un extravagant,*
*Dans son œil, ciel livide où germe l'ouragan,*
*La douceur qui fascine et le plaisir qui tue.*

Charles BAUDELAIRE,
« A une passante », *Les Fleurs du mal.*

— *Ta beauté est une souffrance.*
— *Hier, tu disais que c'était une joie.*
— *C'est une joie et une souffrance.*

François TRUFFAUT,
*La Sirène du Mississippi.*

*Pourquoi donc vit-on ? Pourquoi, se demandait-on, nous donnons-nous tant de mal pour que la race humaine se perpétue ? Est-ce donc chose si désirable ? Sommes-nous une espèce séduisante ?*

Virginia WOOLF, *Au phare.*

# Prologue

*Cher mammifère,*

*Je sais, cela fait si longtemps... J'imagine ton visage surpris à la lecture de ces lignes. J'ai lu ton livre, il est virulent, un peu triste aussi, désabusé peut-être, mais il m'a émue, et j'ai eu envie de te le dire. Après tant d'années, j'ai été troublée de revoir ton sourire sur la couverture. On dirait que tu as gardé tes expressions d'autrefois, comme sur cette vieille photo prise au jardin du Luxembourg que j'avais conservée et que je te joins. Je t'ai suivi de loin, par la presse, la télévision. Il est question que tu viennes dans notre ville pour le Salon du livre. Il faut que je te dise que je suis libraire et que je serais vraiment heureuse de t'accueillir. Une occasion de se retrouver ?*

*Affectueusement,*

*Miss Liberty.*

Une ombre, soudain, le frôla, laissant dans son sillage l'effluve d'un parfum délicat. Louis entrouvrit les yeux et observa l'inconnue qui traversait le compartiment. Mince et gracile, une belle silhouette longiligne… Il suffit d'un rien, se dit-il : des fémurs un peu plus longs que d'ordinaire, une taille étroite, un dos étiré – quelques centimètres de plus ou de moins en somme –, et nous voilà une fois encore les sens électrisés, frétillants comme un chien devant son maître, captés par l'irrésistible attraction du corps. Le corps, ce maudit corps… Pourquoi en sommes-nous à ce point enragés ? A quoi rime cette quête pathétique de la peau de l'autre, de la chair de l'autre ? Quel démon pervers nous a jeté ce sort nommé « désir » et condamnés à danser au bord de l'abîme comme des possédés ?

La voyageuse s'installait à quelques rangs de lui, indifférente. Visage ovale. Traits harmonieux. Cheveux châtains… Tout allait bien. Louis préférait de loin la compagnie des femmes (celle des hommes le dérangeait – trop de paroles péremptoires, trop d'hormones conquérantes, trop d'air déplacé), et la proximité de ce corps harmonieux semblait adoucir l'atmosphère autour de lui. Rassuré, il se cala sur son siège, et s'abandonna de nouveau à la rêverie.

Par la fenêtre défilait maintenant un paysage rude et ocre d'où surgissait parfois une colline rayée de vignes ou un village recroquevillé sur un rocher. La civilisation grasse de l'argile et du beurre avait cédé la place à celle, sèche et austère, de l'huile d'olive et de la pierre, constatait Louis en retrouvant ses réflexes d'anthropologue, et dans la pureté du ciel, il devinait le souffle de l'air chaud, l'agréable torpeur du Sud qu'il aimait tant. Il regardait le jour d'un bleu insolent, et dans ses pensées revenaient soudain des images fugitives, des bribes de souvenirs obsédants. Il voyait, au loin, des hommes fiers qui riaient bruyamment, une fille, infime silhouette déformée par les ondoiements de la réverbération qui marchait lentement dans le désert, accompagnée par les tourbillons du sable qui s'enfuyait à ses pieds… Il voyait aussi une déesse longiligne gravée dans la pierre, si parfaite qu'il en avait pleuré. Et puis revint une forme familière, si familière, qui dansait devant un miroir, dansait, dansait, et dansait encore pour lui. Il retrouvait son visage attendri, ses lèvres gonflées par les baisers, son regard étonné. Il entendait à nouveau les mots intenses, les serments qui murmuraient des toujours et des jamais, et puis les sanglots, les cris…

Louis secoua vivement la tête pour en chasser les fantômes, et rouvrit les yeux. Non loin de lui, la belle voyageuse semblait assoupie, la tempe gracieusement appuyée sur la vitre du compartiment. Son visage ovale exprimait une douceur étrange qui lui rappelait celui de la *Femme aux yeux bleus* peinte par Modigliani. Il s'était souvent demandé à quoi songeait Jeanne, la compagne et le modèle du peintre, au moment où celui-ci l'avait dotée de ces yeux sans pupilles. Quelques mois plus tard, au lendemain de la mort de Modigliani, Jeanne s'était laissée tomber, enceinte, du cinquième étage de l'appartement de ses parents à Paris, en tournant le dos au vide comme pour regarder une dernière fois son passé. Son regard éteint, fixé sur le tableau, était-il l'annonce prémonitoire de cette terrible issue ? Etait-ce l'éclair de lucidité d'une nouvelle victime de l'amour ?

L'amour… Louis sourit amèrement.

— Vous ne croyez plus à l'amour ? lui avait demandé son éditeur, lorsqu'il était venu lui exposer son nouveau projet de livre.

Louis avait mis du temps avant de répondre. Croire à l'amour… Etait-ce donc une religion ? Fallait-il avoir la foi ? Un jour, un journaliste l'avait surnommé « l'anthropologue de l'amour », et il en avait été flatté. Cela faisait des années qu'il sillonnait la planète pour tenter d'établir l'origine des sentiments. Neandertal connaissait-il déjà la palette des émotions ? Comment était-on passé du rut simiesque à une étreinte plus subtile ? Qui, le premier, était sorti de sa gangue animale ? Qui avait tenté un geste tendre, une caresse inédite, un baiser, avant de découvrir l'empathie, l'affection, l'attachement ? Qui avait inventé l'amour ? « C'est un beau sujet de recherche ! » lui disait-on souvent.

Il avait multiplié les terrains de fouilles, interrogeant les parois des grottes, les fossiles exhumés des sables d'Afrique, les morceaux de squelette et les fragments de poterie... L'amour, oui, il l'avait trouvé. Les tombes de la préhistoire, vieilles de trente mille ans, en révélaient les prémices. C'était ces fleurs des marais, déposées aux côtés du défunt, que l'on avait dû aller chercher à des kilomètres de là, preuve que l'on s'était donné de la peine pour lui témoigner de la considération. C'était ces coquillages percés dont on avait orné les corps pour leur témoigner du respect, peut-être de l'affection... On avait montré de l'attention envers ces êtres-là, on les avait pleurés, sans doute les avait-on aimés. La douceur était bien là, dès l'aube de l'humanité.

Mais partout, au fil de ses voyages, il en avait aussi reconnu la face cachée : la brutalité des échanges, la quête forcenée des mâles, leur besoin de possession. Partout, il avait été confronté à la même ambivalence. Dans le désir des humains, il y avait l'amour, assurément, mais aussi la violence. Le sentiment amoureux n'avait pas éliminé la sauvagerie animale, pas plus aujourd'hui qu'hier. Louis en était convaincu, les relations entre les hommes et les femmes étaient toujours frappées par une malédiction ancestrale, propre à leur condition mammifère, thèse qu'il avait finalement développée dans son livre et qui lui avait déjà valu nombre de critiques venimeuses.

— En somme, nous ne sommes pas sortis de la préhistoire, avait-il expliqué à son éditeur. Nous avons conquis la nature, colonisé la Terre, dominé toutes les espèces, et même maîtrisé notre reproduction, mais nous n'avons pas vraiment civilisé notre sexualité.

Personnage vif et négociateur rusé, l'homme avait froncé les sourcils, ce qui, Louis le savait, était bon signe.

— Regardez la planète ! avait poursuivi Louis. Un peu partout, des hommes asservissent le corps des femmes. En temps de guerre, le viol suit systématiquement la conquête, la femme est le deuxième territoire à envahir. En temps de paix, ce sont les bonnes vieilles croyances religieuses que l'on va chercher. Voilez-moi ces jambes, ce ventre, ces seins, ce visage, enveloppez-moi ce beau corps de femme, ma propriété, pour que je puisse en jouir en exclusivité ! Ce n'est pas moi qui l'exige, mais Lui, là-haut – gloire à Lui ! –, dans Son infinie sagesse... Comme c'est commode ! Quant à elles, les pauvres, prises dans le filet des interdits sans cesse réinventés, elles se désolent ou s'en accommodent, se lovent sur les poitrines velues et se prêtent au rituel ancestral en tentant de dérober au passage une parcelle de plaisir.

L'éditeur, étonné par tant de virulence, l'avait regardé fixement.

— Bon, avait ajouté Louis, je vais vous le dire plus brutalement : les hommes restent tenaillés par le besoin de se vider à l'intérieur des femmes, celles-ci sont taraudées par le désir de se remplir. Vus d'une planète lointaine, nous devons paraître bien primitifs. Nous sommes les héritiers d'une mauvaise branche, voilà tout ! Mammifère, c'est notre malédiction !

— Notre... euh... animalité a parfois du bon, avait rétorqué l'éditeur, finalement amusé. Vous n'aimez donc plus les femmes ?

— Au contraire ! Je les aime trop pour supporter de les voir se soumettre aussi facilement à la médiocrité des mâles dominants. J'aimerais qu'elles soient plus exigeantes, qu'elles nous élèvent, qu'elles se rebellent ! En un mot, qu'elles nous sauvent de notre nature, qu'elles nous extraient de la bestialité !

— Venant d'un scientifique comme vous, avait repris l'éditeur, tout cela me paraît surprenant et un peu… masochiste. Mais intéressant.

Il réfléchit encore un court instant avant d'ajouter :

— « La malédiction mammifère »… Cela ferait un bon titre, non ?

C'est ainsi que l'affaire avait été conclue.

Voyageuse, songea Louis en jetant de nouveau un regard à l'inconnue du compartiment, tu t'insurgerais certainement si tu lisais mes pensées. Tu me dirais que je suis injuste envers mes semblables, que la violence et la soumission ne sont pas toujours au rendez-vous. Tu invoquerais, j'en suis sûr, les troubles délicieux de la séduction, l'ivresse des sentiments, l'éblouissement des corps en harmonie. Tu citerais peut-être les poèmes, les romans, les lettres enflammées, les sublimes œuvres d'art que l'amour a inspirés… Tu appellerais à la barre Héloïse, Bérénice, Ariane, toutes les belles des seigneurs de l'Histoire… Souffrances, oui bien sûr, plaiderais-tu, viols, violences, ignominies, c'est vrai… La planète en est remplie. Mais il y a tant de bonheurs, tant de grandeurs, tant de merveilles qui naissent de notre désir ! Tu aurais raison. Moi aussi, j'admire l'élévation de notre espèce. Moi aussi, je recherche fébrilement le vertige du plaisir. Mais dans le même élan, la misérable quête des mâles, nos ruses, nos mensonges m'indignent ; et la pitoyable démission des femelles, leurs compromissions, leurs lâchetés, me blessent. Ne vois-tu pas, silencieuse inconnue, que, malgré nos gloires, nos splendeurs et nos émois, nous avons encore le front bas ?

L'étrangère, qu'il avait fait entrer à son insu dans son dialogue muet, ne lui accordait, semblait-il, aucune attention. Qui donc était enfermée à l'intérieur de ce corps-là ? A quelles pensées s'abandonnait-elle de son côté ? Etait-elle aux prises elle aussi avec la perversité du désir ? Charriait-elle son poids de souffrances, son paquet de remords ? Il l'imagina en Madame Bovary, fuyant un mari, médecin ou notaire, qui l'écrasait la nuit sans vraie contrepartie, s'en allant retrouver un amant plus attentionné. Ou peut-être se rendait-elle, comme lui, à ce Salon du livre – enseignante, écrivain, romancière ? L'éventualité d'un intérêt commun aurait pu lui fournir un prétexte pour entamer une conversation prudente. Mais que lui dire ? Chère voyageuse, j'ai pour prénom Louis ; pour manie, la dérision ; et pour fardeau, une attirance obsessionnelle mais désabusée pour les belles créatures ? A quoi bon ! Nouer un bref moment d'intimité ne ferait que rendre plus amère la séparation prochaine et alimenter ses regrets. Au diable la passante indifférente, et merci, mademoiselle, pour votre compagnie ! Ne m'en veuillez pas, mais cette fois, j'ai un rendez-vous que je ne veux surtout pas manquer.

Discrètement, Louis sortit la lettre de Miléna de la poche de sa veste et en fit glisser la photo qu'elle lui avait envoyée : deux adolescents tendres et complices se tenaient joue contre joue, posant au jardin du Luxembourg devant la réplique de la statue de la Liberté. Lui, il affectait cette mimique désabusée qui, déjà, lui donnait l'air de se moquer du monde, une mèche brune artistement disposée sur le front (aujourd'hui, vingt-cinq ans plus tard, ses traits s'étaient légèrement creusés, mais, il le constatait avec fierté, sa chevelure était encore fournie, et sa silhouette ne l'avait jamais trahi). Quant à Miléna, elle avait ce visage étrangement triangulaire, un visage de chat, encadré par de longues boucles foncées qui lui tombaient en cascade jusqu'aux épaules comme une parure orientale, et des yeux sombres, si sombres qu'ils devaient certainement cacher de passionnants secrets.

Miléna, l'exotique, la ténébreuse, qui avait surgi de son adolescence comme un fantôme… Pourquoi lui avait-elle écrit après tant d'années ? Pourquoi avait-elle exhumé cette vieille photo sur papier ? Miléna, son premier amour, son premier regret, sa première déchirure. Une rencontre inachevée, inassouvie… Le corps – encore lui ! – n'avait pas su. Mais que sait-on du corps à seize ans ? Que pouvait-il en savoir ?

Il avait quitté Paris pour étudier l'anthropologie aux Etats-Unis, elle lui avait écrit des lettres étranges, passionnées, tristes et pudiques à la fois. Il ne lui avait pas répondu. Ou plutôt, il s'était mille fois promis de le faire… Puis, il n'avait plus eu de nouvelles d'elle. Parfois, ravivé par un film, une lecture, une rencontre, son visage de chat se matérialisait dans ses pensées et lui causait un curieux pincement au cœur. Vingt-cinq ans s'étaient écoulés… En ouvrant sa lettre, le mois dernier – une lettre ! Qui donc envoyait encore des lettres aujourd'hui ? –, il n'avait pas compris tout de suite.

« *Cher mammifère… J'imagine ton visage surpris à la lecture de ces lignes…* »

Surpris, en effet, il avait relu ces quelques lignes dix, vingt fois. A quoi ressemblait aujourd'hui la fille magique de son adolescence ? Quelle femme était-elle devenue ? Les mots de Miléna le faisaient frissonner d'un désir étrange, et il avait soudain éprouvé une vive envie de la revoir. Retrouver ses seize ans, court-circuiter l'Histoire, reprendre au premier chapitre ? Comme c'était romantique !

Mais maintenant que le moment approchait, il commençait à douter. Un homme retrouve son amour d'enfance, et après ? Qu'allait-il se passer ? Fallait-il se contenter d'être de bons vieux amis ? Fallait-il laisser parler le corps pour solder enfin leur regret de ne pas l'avoir fait autrefois ? La sexualité exige des efforts, il faut faire le malin, séduire, trouver l'énergie, la force, la détermination. Tout cela le fatiguait… Alors quoi ? A quel jeu allait-il jouer ?

Dans sa lettre, Miléna le tutoyait comme si elle venait tout juste de le quitter, preuve qu'un lien invisible avait été maintenu par-delà les années. J'ai rendez-vous avec une… intime étrangère, conclut-il, perplexe, en se renfonçant dans son siège.

Un haut-parleur avait grésillé le nom de la ville du Midi où il se rendait. Le train s'était arrêté. La voyageuse – oui, elle avait les yeux bleus, un bleu pâle tirant sur le vert – s'était levée la première. Elle lui avait souri, en inclinant gracieusement la tête. Puis elle était sortie. Adieu, inconnue ! Disparais comme tant d'autres avant toi, fonds de nouveau dans ton anonymat. « Un éclair… puis la nuit ! » Une femme est passée. Une femme s'est enfuie. Avant de descendre à son tour, il regarda la fine silhouette se dissoudre dans la foule, et l'oublia.

# Premier jour

« *Dans une tombe vieille de trente mille ans, on a retrouvé les squelettes d'un jeune couple étroitement enlacés, comme s'ils avaient été saisis en pleine passion amoureuse. A qui appartenaient ces deux corps tombés de la nuit des temps ? A un seigneur du passé enterré avec sa belle ? A des condamnés ayant subi un châtiment commun ? Aux premiers Roméo et Juliette de l'Histoire ?*

*Nul doute que le germe de l'amour était déjà là, planté dans leur cœur, enchâssé dans leurs gènes, prêt à se répandre sur l'humanité comme une fleur vénéneuse et sublime.* »

Louis FARRELL, *La Malédiction mammifère.*

# 1

Quand elle vit Charles Gringoire grimper sur la table du stand en prenant appui sur les piles de livres, étirer son corps de géant et, du haut de ce perchoir incertain, haranguer les visiteurs en criant de sa voix théâtrale : « Elle est belle, elle est belle, elle est belle, ma salade ! », Miléna crut d'abord qu'il avait abusé du vin blanc offert au déjeuner du maire.

— Approchez, peuple érudit, venez ô lecteurs avides ! clamait maintenant le comédien, auteur d'un pamphlet assez bien tourné sur le monde littéraire.

— Vous allez voir, dit-il en se tournant vers Miléna. Ça marche à tous les coups.

Les visiteurs qui, jusque-là, défilaient dans l'allée sans oser s'arrêter, commençaient à se rassembler devant lui, visiblement amusés par ses éclats.

— Venez à moi, ô fidèles lecteurs… « Messieurs, soyez les bienvenus dans Elseneur. Allons ! Vos mains ! Un peu de faste ne messied pas à l'accueil. »

Et se penchant pour donner force poignées de main, il ajouta pour Miléna : « *Hamlet*, acte II, scène II. »

Une bonne vingtaine de personnes hilares s'agglutinaient maintenant devant le stand en se bousculant pour apercevoir le personnage tonitruant, barbe lissée, yeux pétillants, qui occupait tout l'espace.

— C'est Gringoire, tu sais, le type de la télé...

— Approchez, approchez ! Elle est belle, elle est belle, elle est belle, ma salade... Approchez, y en aura pour tout le monde !

Puis il se rassit sagement et commença à dédicacer ses ouvrages à la chaîne, gratifiant chacun de ses lecteurs d'une courte phrase amicale ou d'une réflexion coquine quand il s'agissait d'un joli garçon ou d'une jolie femme.

— « Un beau brin de fille, et c'est tout ; mais qu'il aimait par-dessus tout. » *Hamlet*, encore. *Hamlet*, toujours.

— Félicitations ! chuchota Miléna. On peut dire que vous savez y faire.

— « Je sais qu'un tel discours, de moi, paraît étrange, mais, Madame, après tout, je ne suis pas un ange. » *Tartuffe*, acte III, scène III. Et puis, on est au marché, non ? Regardez les autres, nos doctes écrivains, nos sages littérateurs...

Miléna observa l'assemblée autour d'elle. Une bonne centaine d'auteurs étaient venus présenter leur livre sous l'immense chapiteau dressé devant l'hôtel de ville. Ils étaient regroupés dans les stands des libraires, installés sous une pancarte de bonne taille qui affichait leur photo. Devant eux, des piles de livres espéraient des lecteurs. La foule compacte défilait lentement, s'arrêtant devant les plus connus, délaissant les autres avec cruauté.

Parfois, un passant se saisissait d'un ouvrage, lisait rapidement la quatrième de couverture, levait la tête pour s'informer du nom de l'écrivain, dévisageait insolemment le pauvre homme soudain rempli d'espoir, soupesait une fois encore le livre comme une salade à la fraîcheur douteuse, et s'en allait sans un mot.

— Regardez les auteurs, poursuivit Gringoire. Ils feignent d'être absorbés dans de profondes pensées, loin des viles contingences de ce monde. En réalité, ils enragent ! Ils écument ! Ils maudissent leur éditeur qui les a envoyés dans ce guet-apens. Ils se disent que, plus jamais, ils ne perdront leur temps dans une telle foire. Mais soyez-en sûre, ma jolie, leur amertume sera de courte durée. Ils reviendront la prochaine fois, ils y voleront ! Ils feront des pieds et des mains pour cela. Ils aiment trop l'odeur de la notoriété. Ils aiment se dire qu'on les apprécie, qu'on loue leur talent, leurs phrases si bien tournées, leurs traits d'esprit, ils aiment croire qu'on les admire. « Tous ces galants de cour, dont les femmes sont folles, sont bruyants dans leurs faits, et vains dans leurs paroles. » Et ils ont raison ! C'est si bon d'être admiré !

Miléna savait que certains auteurs considéraient les salons du livre comme autant d'occasions de s'inventer une vie au-dessus de leurs moyens ou de leur talent. Loin de chez eux, ils se transformaient en enfants capricieux. Guidés, choyés, maternés du matin au soir par leurs attachées de presse, écharpe romantique autour du cou, ces nobles personnages réclamaient toujours davantage de privilèges et se lamentaient à la moindre contrariété. Pendant leur séjour, on les transportait en voiture de l'hôtel au Salon du livre, du Salon au restaurant, du restaurant à l'hôtel, quand il ne fallait pas, parfois, qu'une accompagnatrice dévouée aille les repêcher tardivement dans une boîte de nuit plus ou moins bien fréquentée.

Il y avait des exceptions, tels ces écrivains d'un autre âge pour qui le Salon du livre était un rite saisonnier doublé d'un pèlerinage gastronomique (un an à l'avance, leur éditeur leur réservait une table chez le meilleur chef du coin). Miléna aimait leur compagnie un peu désuète mais raffinée, l'élégance de leur diction, la fantaisie de leur conversation. Mais le nombre de ces auteurs-là déclinait au fil des années.

Un mouvement de foule se fit perceptible. Un individu important approchait, entouré par une nuée de courtisans hautains, menton relevé, lèvres et fesses serrées, eux-mêmes pressés par une masse avide d'accaparer un peu de leur suffisance pour pouvoir dire fièrement, une fois rentrés chez eux : « Devine qui j'ai vu au Salon du livre ? » L'homme important avait une taille modeste, une mâchoire carnassière, les cheveux drus coupés en brosse, et un regard feignant l'indifférence, comme l'exigeait sa fonction. Miléna reconnut le président du conseil régional. Elle sourit : il ne lui manquait que la queue-de-pie et le haut-de-chausse pour parfaire sa componction. L'élu se dirigea droit sur elle.

— Quel plaisir de vous retrouver ici, chère amie.

— Monsieur le président.

Déjà, le notable lui avait attrapé la main et s'était incliné pour lui baiser les doigts, l'enveloppant de sa suavité.

Miléna ne put retenir un réflexe de retrait. Elle ne l'avait pas oublié : un jour, au terme d'un de ces innombrables cocktails qui ponctuent les journées de ces personnages, il avait insisté pour la raccompagner dans sa voiture et, sans se soucier du chauffeur qui avait dû en voir bien d'autres, l'avait serrée de près en lui murmurant des sous-entendus grossiers, en homme sûr de son pouvoir. Miléna en avait réchappé difficilement, mais le rustre n'avait pas renoncé pour autant et il tentait sa chance à chaque occasion.

— Comment va la littérature aujourd'hui ? poursuivit le président, reprenant une formule qu'il avait déjà utilisée devant le stand précédent – mais quelle importance ? puisqu'il ne s'agissait que de montrer son ouverture d'esprit et son intérêt pour la culture, et qu'il ne rencontrait de toute façon que le même sourire de la part de tous ses interlocuteurs, le sourire soumis et béat des courtisans émus d'être pendant trois secondes et demie l'objet de l'attention d'un des dieux de l'Olympe, bouleversés de se trouver soudain à l'intérieur du cercle de lumière.

— La littérature ? Elle va, elle va… répondit Miléna, avec une pointe d'ironie non dissimulée.

La nuée de conseillers qui entouraient le président acquiesça d'un mouvement de tête parfaitement coordonné. Les plus aguerris d'entre eux connaissaient l'art de ne rien dire, de formuler des phrases en apparence savantes mais anodines, dénuées de sens de manière à ne jamais trahir leurs sentiments (le summum de la prudence était d'ailleurs de ne plus avoir de sentiments du tout, mais pour en arriver là, il fallait une longue pratique des officines du pouvoir). Dans une réception, face à un invité dont ils ne se rappelaient pas le nom, ils énonçaient sans sourciller : « Comment allez-vous, cher ami ? » Après un spectacle mortellement ennuyeux au cours duquel ils avaient somnolé : « Je trouve qu'il y a quelque chose de très intéressant dans cette démarche. » Et dans les situations douteuses, ils se taisaient, hochant légèrement la tête en affectant un air inspiré.

— Vous connaissez Charles Gringoire, bien sûr, fit Miléna en se tournant vers le comédien.

Le président salua légèrement de la tête.

— Je ne vais pas souvent au théâtre, mais j'admire ce que vous faites.

— « C'est pousser vos civilités jusqu'aux derniers confins de la flatterie », répondit malicieusement Gringoire.

Le haut personnage avait déjà tourné les talons sans comprendre, s'empressant de serrer les mains des autres écrivains. Il y avait, ce jour-là, un auteur réputé « scandaleux », barbe de trois jours soigneusement entretenue, dont le dernier livre alimentait les talk-shows (il y développait le récit prétendument « romancé » de sa liaison avec une actrice qu'il faisait passer pour une obsédée sexuelle), une jeune « premier roman », auteure d'une bluette sentimentale située forcément à Deauville, longs cheveux noirs et très courte jupe sur laquelle lorgnait son voisin, un historien mi-chauve et solitaire qui mourait d'ennui. En bout de table était situé le siège vide d'un essayiste d'une trentaine d'années au brushing délicat, la coqueluche des jeunes filles, qui ne ratait jamais une occasion de citer Derrida. Le mignon avait été vu la veille, à une heure très avancée, attablé en tête à tête avec une jeune éditrice, mais ni l'un ni l'autre ne s'était encore montré de la journée.

— « Il n'y a pas de confiance à avoir dans les hommes ; ni bonne foi ni honnêteté ; tous des parjures, des faussaires, des vauriens et des mensongers ». *Roméo et Juliette*, acte III, scène II, glissa Gringoire à Miléna, alors que le président s'éloignait.

— La citation est bien choisie, répondit-elle. Comment faites-vous pour retenir tout cela ?

— L'habitude, ma chère enfant. L'habitude…

Les auteurs avaient repris leur pose, guettant le chaland. Miléna regarda sa montre. Elle attendait la fin de la journée avec fébrilité, et un peu d'appréhension. Le train de Louis arrivait dans deux heures, et elle ne savait plus très bien pourquoi elle lui avait donné rendez-vous… Cela faisait vingt-cinq ans… Il était maintenant un auteur apprécié à Paris, probablement volage, et il évoluait avec aisance dans le microcosme intellectuel de la capitale, ce qui impliquait sans doute nombre de compromissions. Sa thèse violente sur la sexualité mammifère et l'ambivalence du désir l'avait profondément troublée. Il y avait quelque chose de sincère et aussi de douloureux dans les écrits de Louis. Elle redoutait de s'être mise dans une situation délicate, mais la perspective du rendez-vous la remplissait d'excitation.

Seul devant sa pile de livres, l'historien s'ennuyait. Quand il ne fixait pas les cuisses de sa voisine, il restait vautré sur son siège, feignait d'être absorbé par son portable, feuilletait un ouvrage, le reposait…

— Il ne sait pas y faire, reprit Gringoire, qui avait suivi le regard de Miléna.

— Il n'y peut rien, le pauvre, si les lecteurs ne viennent pas.

— Erreur ! Un salon du livre, c'est un art !

Gringoire prit une grande inspiration avant de poursuivre :

— D'abord, le lieu : il faut exiger d'être placé dans une allée principale, loin d'une entrée (sinon, les visiteurs hésitent à s'arrêter, et on est exposé aux courants d'air), et surtout pas à côté d'une star qui va inévitablement drainer vers elle toute la foule qui, non seulement vous ignorera, mais vous dissimulera aux autres visiteurs. Vous voyez ce que je veux dire ?

Evidemment, avec un voisin tel que Gringoire, un obscur historien avait peu de chances de se faire valoir.

— Ensuite, continua Gringoire, il faut disposer ses livres avec soin, une partie d'entre eux verticalement de manière qu'ils soient visibles de loin. Reste la stratégie pour accrocher le lecteur.

— Car il y a une stratégie ?

— Bien sûr ! La pire des attitudes est celle de ces auteurs novices qui regardent la foule dédaigneuse avec un air faussement détaché.

Miléna l'avait remarqué, la plupart des écrivains se comportaient en effet ainsi, décourageant d'emblée d'éventuels clients.

— Les auteurs aguerris savent, eux, que la foule attire la foule, continua Gringoire. Les lecteurs sont grégaires. L'astuce, c'est donc d'avoir toujours quelqu'un en face de soi. Il faut engager la conversation avec la première personne qui s'arrête et la maintenir jusqu'à ce que d'autres viennent la rejoindre. Il est rare qu'il ne se trouve pas, dans le tas, quelqu'un pour demander une dédicace et acheter votre livre, et d'autres qui l'imiteront… D'ailleurs, ma chère enfant, c'est très exactement ce qui est en train de se produire : cela fait cinq minutes que vous me servez d'appât.

Miléna se retourna. Plusieurs personnes avaient docilement pris place derrière elle, formant une ébauche de file d'attente.

— Grégaires ! Ils sont grégaires, vous dis-je, chuchota encore Gringoire, alors qu'elle s'écartait.

# 2

— C'est moi, fit-elle simplement.

Cette voix... Il avait oublié sa voix, oublié combien sa tonalité était singulière, légèrement cassée, comme si elle avait été décapée par la fumée de milliers de cigarettes – mais, dans sa mémoire, Miléna ne fumait pas –, une voix voilée qui égrenait pourtant les syllabes avec suavité, cette voix qu'autrefois – il s'en souvenait maintenant – il comparait forcément à celle de Lauren Bacall dans *Le Port de l'angoisse*, la reine de ses fantasmes d'adolescent (« *You know how to whistle, don't you, Steve ? You just put your lips together and... blow !* »). Oui, plus que le visage de Miléna, son visage de chat, plus que ses yeux sombres, moins spectaculaires qu'il ne le pensait, plus que ses cheveux noirs, qu'elle portait toujours longs, d'une manière juvénile, c'était cette voix assassine qui, soudain, abolissait le temps, faisant tomber sur lui une pluie de souvenirs, et il entendit à nouveau la jeune lycéenne, dans la cour, au milieu du brouhaha, qui se penchait à son oreille et lui confiait comme un secret : « Moi, c'est Miléna. »

Bousculé par la foule des voyageurs pressés de quitter la gare, il resta un moment immobile, ne sachant plus s'il faisait partie, lui aussi, de cette scène qui lui semblait si familière. Une jolie femme attentive au bout d'un quai, un homme chargé d'une petite valise figé devant elle, deux corps se rapprochent, deux vies vont se heurter... Combien de fois avait-il vu cela ?

— Ne me dis pas que je n'ai pas changé, poursuivait Miléna, je ne te croirais pas. On se tutoie, hein ?

La voix l'enveloppait dans un voile de soie. Il mit quelques secondes avant de se ressaisir.

— Bien sûr. Excuse-moi, c'est une situation un peu... euh... étrange.

Non, elle n'avait pas changé. C'était la même Miléna, la même dans un corps de femme. Ses traits s'étaient affinés, ses joues légèrement creusées, de minuscules ridules surgissaient quand elle plissait les yeux – nul doute que les femmes embellissent avec l'âge –, et il y avait, dans sa manière de le regarder, une fragilité touchante... Mais cela suffisait, il devait lui paraître grossier à la détailler ainsi.

— Tu ressembles au souvenir que j'ai de toi, lui dit-il en se maudissant de n'avoir trouvé que cette banalité.

— Les souvenirs sont des choses capricieuses, tu sais. On ne sait jamais quelle est la part d'invention.

Elle arborait une petite mimique amusée, presque narquoise.

— Et toi ? fit-il. Tu me voyais comme ça ?

— Oui. Pas de surprise. Je t'ai aperçu deux ou trois fois à la télé.

— Bon. Alors, les présentations sont terminées. Tu as un peu de temps pour moi ? Ou tu es prise par tes autres auteurs ?

— J'ai du temps, oui. J'imagine que tu n'as pas dîné…

Dans la rue éclairée par des réverbères sans style qui diffusaient une lumière orange de crépuscule, ils allèrent en silence, elle, déterminée, altière, à l'aise dans sa jupe droite et sa veste de page ; lui, légèrement en retrait, l'air faussement décontracté. Il accordait son pas au sien, adoptait son rythme rapide, se laissait guider comme un enfant. Agréable de ne rien connaître des lieux qu'ils parcouraient, agréable de ne rien avoir à décider, agréable de s'abandonner. Il lui jetait de temps en temps un regard furtif, satisfait de ce qu'il découvrait, fier d'être vu en belle compagnie. Elle marchait, un peu comme une danseuse – seules les danseuses ont cette prestance. Il regretta aussitôt sa pensée. Non, il ne fallait plus songer à la danse.

— Ça va ? fit-elle en se tournant vers lui, étonnée de voir son visage soudain fermé.

Il répondit que, oui, ça allait, qu'il se sentait bien, là, comme ça, dans cette ville inconnue, avec une femme inconnue, en fait pas si inconnue que ça, mais qu'il ne connaissait pourtant pas, enfin pas vraiment… Il s'embrouilla, balbutia, se reprit. Elle rit. Elle aussi, elle se sentait joyeuse, rassérénée par la brise du soir qui venait de la mer et lui rafraîchissait le visage, heureuse de sentir auprès d'elle la présence de ce compagnon insolite.

— Alors, tu es libraire ? demanda-t-il bêtement pour éviter que le silence ne s'installe à nouveau.

— Oui. Je vends des livres. Et même ton livre.

— Libraire… Libre, air… fit-il, fier de son bon mot. C'est un beau métier. Ingrat, mais beau.

Il lui dit qu'il la voyait bien en effet au milieu des rayonnages, plongée dans des mondes inventés par des individus assez hallucinés pour s'enfermer pendant des mois en tête à tête avec leurs névroses. Un bon libraire sait jauger son auteur, poursuivait-il avec emphase. L'ouvrage en main, il devine ses renoncements, ses lâchetés, il sent le poids du tourment. Libraire, premier lecteur, premier confesseur. Que faites-vous dans la vie ? Moi ? Je lis. J'entre chez les autres. Je vis avec eux. Je rêve avec eux. Je meurs avec eux. Lire est un acte intime, une liaison avec un partenaire invisible qui offre, mieux que son corps, son imaginaire…

En matière de restaurant, Louis souffrait d'un perfectionnisme maniaque. Le lieu devait être feutré (il détestait l'acoustique bruyante des brasseries), les tables, suffisamment espacées pour préserver l'intimité (il n'hésitait pas à les essayer les unes après les autres), les fauteuils, confortables, et le personnel, prévenant (il maudissait ce mépris bien français des garçons de café qui affectaient de ne pas vous voir ni de vous entendre). L'établissement choisi par Miléna avait les qualités requises, et la serveuse, un joli sourire.

— Dis-moi, qu'as-tu fait pendant tout ce temps ? fit Louis, une fois qu'ils eurent passé la commande.

Il se reprit aussitôt :

— Enfin, c'est idiot comme question. Je ne vais quand même pas te demander de me raconter ta vie.

— Ma vie… (Elle soupira.) Ce n'est pas très intéressant, tu sais. Les livres… La mer…

— Tu as des enfants ? interrompit Louis.

Elle le regarda, gênée.

— Oui. Une petite fille. Et toi ?

Elle connaissait la réponse. Mais elle voulait détourner la conversation.

— Non. Je suis un ours solitaire. Je nomadise.

Elle sourit. Son humour enfantin lui plaisait.

— Amoureuse ? insista Louis.

Cette fois, elle rougit. Décidément, il ne perdait pas de temps.

— Je suis indiscret, excuse-moi, dit Louis, embarrassé à son tour.

— Non, non…

Louis perçut un léger chuintement dans la voix de Miléna. Finalement, la complicité qui s'installait entre eux lui plaisait. La plainte d'un saxophone que diffusaient les haut-parleurs du restaurant y était sans doute pour quelque chose.

— « *All the things you are* », énonça Miléna, qui semblait avoir lu dans ses pensées. Desmond et Mulligan.

— Quelle science ! fit Louis, admiratif.

— Je l'ai écouté en boucle pendant des années. Deux saxophones, un alto et un baryton en duo, c'est une conversation qui s'élabore. Quand deux instruments se mettent ainsi à dialoguer, on a l'impression que la musique prend corps. C'est comme une histoire d'amour.

Louis ne trouva rien à lui répondre, et feignit de s'intéresser au contenu de son assiette. Miléna le troublait. Il aurait eu envie de l'interrompre, de lui parler plutôt de son corps, de ce beau corps féminin qu'il s'efforçait de ne pas détailler trop ostensiblement, de ses lèvres, du désir, peut-être, oui, que fait-on du désir dans cette histoire ? Et s'il s'invitait à la table, le désir ? Il revoyait la jeune fille si désirable dans la cour du lycée Montaigne, ses longs cheveux noirs ruisselant dans le dos, mystérieuse, inaccessible, trop belle pour lui évidemment, avait-il pensé la première fois lorsque leurs regards s'étaient rencontrés. Avait-il l'air ridicule pour qu'elle le fixe ainsi ? Il avait détourné la tête, gêné. Et le lendemain, dans un couloir, avait-elle fait exprès de le croiser ? Puis, il y avait eu ces mots énigmatiques, rédigés d'une belle écriture arrondie, sur une page de cahier qu'il avait découverte, soigneusement pliée, dans la poche de son manteau : « Je ne m'appelle pas Juliette. Et toi ? Roméo ? » Etait-ce la fille aux cheveux noirs ? Il n'avait pas trouvé les mots pour lui répondre. Le soir, il pensait à elle, à sa belle allure, à ses longs cheveux noirs. Quelques jours plus tard, il l'avait à nouveau croisée. Il avait bredouillé une phrase incompréhensible, avait senti ses joues devenir écarlates, et s'était éloigné, penaud, ridicule.

En ce temps-là, la beauté des filles le paralysait. Il trouvait impudique, presque vulgaire, d'ajouter son regard de convoitise à ceux des autres mâles alléchés, c'est en tout cas ainsi qu'il justifiait sa timidité. Il voulait séduire, ô combien, mais il n'arrivait pas à dire son désir, il n'était pas habile au jeu des allusions et des sous-entendus, tous ces artifices codés qu'il était supposé déployer pour montrer son intérêt sexuel sans pour autant l'afficher. Alors, il tentait de se convaincre que les jolies filles vivaient dans un firmament inabordable, dans un éloignement volontaire, et que, s'il rompait la distance, il n'éveillerait que leur mépris. Il lui avait fallu quelques années pour admettre son erreur et se rendre compte que, lui aussi, il plaisait.

Ils s'étaient finalement revus un soir, elle était si belle, la fille exotique – « Moi, c'est Miléna », lui avait-elle annoncé de sa voix ténébreuse. Ils avaient marché côte à côte, dans la rue. Il avait frôlé sa main, mais n'avait pas osé la saisir. Un autre jour – ou peut-être le même ? – ils s'étaient assis sur un banc, quelque part dans la ville. Il se souvenait surtout de sa peur, il avait si peur, son cœur battait si vite, il tremblait, il aurait bien aimé lui prendre la main, mais qu'aurait-elle dit ? Comment aurait-elle réagi ? Pourquoi est-on si bête, si ignorant, à dix-sept ans ? Ils s'étaient revus après les cours, pas longtemps, juste ce qu'il fallait pour ne pas inquiéter leurs parents. Se rapprocher discrètement d'elle, se pencher contre son épaule, la tenir plus près. Oserait-il ? Il songeait à Julien Sorel, terrifié à l'idée de saisir la main de Mme de Rênal... Combien de temps lui avait-il fallu pour sentir simplement ses doigts doux et chauds mêlés aux siens ? Longtemps, il s'était contenté d'en rêver. Demain peut-être, demain sûrement, oui, juré, demain il le ferait, demain il oserait...

Et puis, il y eut le baiser, et puis les baisers, et encore les longs et interminables baisers, leurs lèvres ankylosées, ce premier mélange des corps, premières intrusions intimes qui les mettaient tous deux dans un état second et leur donnaient des frissons... Dès lors, leurs journées se déroulèrent dans l'attente de leur rencontre et des sensations qu'ils allaient s'offrir. C'était le printemps, le temps était doux, et ils se retrouvaient au jardin du Luxembourg, à l'abri des bosquets, près de la réplique de la statue de la Liberté qui tendait vers eux son bras protecteur. Ils ne manquaient jamais de la saluer en arrivant, comme une vieille connaissance.

— « Salut, ô Mère des exilés », lançait solennellement Miléna en brandissant une torche invisible vers le ciel, à la manière de son modèle de bronze.

Elle était si joyeuse, si insouciante, si belle dans ses jeans, et il la contemplait, béat d'admiration. Miléna déclamait les derniers vers du poème d'Emma Lazarus, gravé sur le piédestal de la statue à New York, qu'elle avait appris par cœur et qu'elle récitait dans un joli anglais :

— *Send these, the homeless, tempest-tost to me, I lift my lamp beside the golden door !*

(« Envoyez-les-moi, les déshérités que la tempête m'apporte, De ma lumière, j'éclaire la porte d'or ! »)

Ils s'imaginaient, approchant des côtes de New York (ils iraient en bateau, comme autrefois, ce serait bien plus romantique), émus aux larmes comme les immigrants des siècles précédents en apercevant la statue émergeant dans la brume, puis découvrant la *skyline* de Manhattan, enlacés à l'avant du navire. Ils s'embrasseraient dans un taxi jaune qui filerait entre les gratte-ciel, courraient à Central Park, le long du réservoir, comme dans les films de Woody Allen, auraient une pensée pour John Lennon en levant les yeux sur les toits pointus du Dakota, se réfugieraient dans un cinéma de la Cinquième Avenue pour s'embrasser encore sans craindre le regard des passants.

Leur rencontre du soir était devenue un rituel. Pour rien au monde, ils ne l'auraient ratée. Ils étaient prêts à tous les mensonges, tous les sacrifices pour se retrouver. Ils avaient soif l'un de l'autre, et leurs lèvres éprouvaient maintenant le besoin impérieux de se coller l'une à l'autre dans une même fièvre affolée. Les éloigner était une souffrance, et chaque soir, ils reculaient sans cesse le moment de se quitter. Louis raccompagnait Miléna à pied, jusqu'à la porte de son immeuble, rue Madame, l'embrassait encore, la retenait quand elle tentait de se dégager à contrecœur.

— Maman va s'inquiéter, protestait-elle. Elle est encore fragile.

Miléna était une enfant de divorcés. Elle vivait seule avec sa mère, depuis le départ brutal de son père. L'affaire n'avait pas duré plus d'une heure. Il était venu la voir, un soir, dans sa chambre :

— J'ai quelque chose de difficile à te dire, avait-il commencé.

— Je sais, avait-elle répliqué sans lui laisser le temps de continuer.

Cela faisait de longs mois que l'atmosphère familiale était devenue orageuse et, depuis quelques semaines, irrespirable.

— Vous allez divorcer, je sais. C'est pour quand ?

Son père s'était montré soulagé de voir sa tâche allégée. Sa réponse, en revanche, fut une surprise.

— Tout de suite. Je pars ce soir. Après, il y aura les avocats, le tralala habituel. Je suppose que cela demandera du temps, tout dépendra de la bonne volonté de ta mère. J'imagine que je te verrai le week-end, c'est comme ça que cela se passe généralement.

Miléna croyait prendre l'affaire avec philosophie, et même en tirer quelques avantages. Mais avec le temps, les visites chez son père s'étaient espacées, et elle s'était sentie de plus en plus responsable de maman et de ses tourments. Chaque soir, au retour du jardin du Luxembourg, elle était déchirée entre les baisers de Louis et l'inquiétude grandissante qu'elle devinait chez sa mère. Sur le pas de la porte de l'immeuble, Louis insistait, sans comprendre qu'elle se sentait triste et coupable. Le lendemain, il était toujours le premier, l'attendant, impatient, au pied de leur statue. Alors, elle courait vers lui en l'apercevant et se jetait dans ses bras. Chaque soir, ils retournaient en Amérique. Ils nourrissaient le même rêve de douceur, ils avaient dix-sept ans, ils étaient innocents.

— Tu te souviens de Miss Liberty ? demanda Louis, en découpant distraitement l'aile de poulet qu'on venait de lui apporter.

— O Mère des exilés ! commença Miléna... *I lift my lamp beside the golden door...*

— Elle est toujours là, au même endroit. A ses côtés, on a planté un chêne rachitique, en hommage aux victimes du 11-Septembre.

Le visage de Miléna se renfrogna soudain. Elle resta un moment silencieuse, puis soupira :

— Finalement, je suis allée moi aussi aux Etats-Unis, tu sais… Quelques années après toi…

Au seuil de cet été-là, leur séparation avait été déchirante. Ils avaient prévu de partir ensemble, au moins quelques jours. Mais, Louis ne savait plus très bien quelles en avaient été les raisons, leur plan avait mal tourné. Miléna avait pris des engagements contraignants avec sa mère. Quant à lui, son stage à l'université de Berkeley en Californie s'était prolongé et transformé en un séjour d'études d'anthropologie grâce à l'obtention d'une bourse inespérée… Finalement, il n'était pas rentré. La Californie l'avait happé tout entier. Ils s'étaient appelés plusieurs fois au téléphone, mais ils ne pouvaient se parler très longtemps en raison de la distance, et les conversations s'étaient espacées.

— Je t'ai écrit… murmura Miléna.

— Je sais. Je suis désolé…

Pourquoi n'avait-il pas répondu à ses lettres ? Il n'aurait pas pu lui expliquer aujourd'hui. Il se souvenait pourtant combien les phrases de Miléna étaient belles, pétillantes d'intelligence et pleines d'affection. Elle écrivait bien, elle lui parlait d'amour, de ce beau sentiment auquel elle croyait encore, de ses lectures, de leur éloignement. Elle signait « Miss Liberty ».

Plusieurs fois, il avait imaginé des réponses, peut-être même avait-il entamé des brouillons ? Mais plus le temps passait, plus il lui aurait fallu fournir des explications qu'il n'avait pas, et plus la tâche était difficile… Les jours s'écoulaient si vite, il y avait tant de choses à découvrir à Berkeley. L'université lui semblait le centre de l'Univers, le creuset de toutes les idées. C'était là que, pour la première fois, on avait parlé de contre-culture, d'écologie, de féminisme… On y refaisait toujours le monde avec passion, sur les pelouses du campus et dans les cafés avoisinants. Louis était fasciné par ce bouillonnement et par l'art de vivre californien. Tout semblait accessible, tout semblait possible. Et puis, au département d'anthropologie, les étudiantes n'étaient pas farouches. Contrairement à ce que l'on prétendait, les relations avec les Américaines lui paraissaient plus simples, plus directes qu'avec les Françaises… Miléna était si loin… Neuf heures de décalage horaire… La France était devenue pour lui une planète étrangère.

Quand ils quittèrent le restaurant, après avoir longuement passé en revue leurs années de lycée et badiné sur l'air du temps, la politique, la France, les Etats-Unis et bien d'autres sujets sur lesquels ils tombaient toujours d'accord, il faisait nuit noire. Ils marchèrent sans but, attirés inconsciemment vers la mer. Miléna se sentait bien, les effluves du chablis lui montaient agréablement à la tête.

— Dans le train, je pensais à notre rencontre, reprit Louis. Et je me disais : Voilà, j'ai rendez-vous avec une… intime étrangère.

— C'est joli, sourit-elle. Mais cela fait tellement longtemps… Nous sommes plus étrangers qu'intimes, non ?

Il réfléchit un court moment.

— Je n'en suis pas sûr. Nous nous parlons comme si nous nous connaissions depuis toujours, comme si nous ne nous étions jamais quittés.

Miléna ne répondit pas. Louis avait raison. Elle avait l'impression qu'elle pouvait s'exprimer avec lui sans calcul et que chacun de ses mots allait être compris à sa juste valeur. Autrefois, elle enviait les filles qui avaient la chance d'avoir un frère aîné, un mâle inoffensif en somme qui pouvait servir d'allié dans le camp adverse et décrypter le comportement des hommes. Mais fille unique, elle avait dû s'aventurer sur la planète masculine comme une aveugle en terrain hostile, et elle s'était toujours trouvée seule face aux murs contre lesquels elle ne cessait de se cogner… Avec Louis, c'était différent. Il lui paraissait plus doux, plus sensible que ses livres, si virulents, ne le laissaient penser. Elle n'avait pas peur de lui en tout cas.

Qu'avait-elle fait pendant tout ce temps ? lui demandait-il… Pouvait-elle, au moins une fois dans sa vie, être elle-même, enlever le masque et arrêter de jouer ? Le projet confus qu'elle nourrissait – elle le comprenait maintenant, depuis qu'elle avait osé lui écrire – se dessina avec plus de clarté. Elle se lança :

— Tu veux qu'on se raconte notre vie ? D'accord, mais on se dit tout.

— Tout ? fit Louis, surpris. Même les choses les plus… euh… privées ?

Elle hésita. Mon Dieu, sur quel terrain s'était-elle aventurée ?

— Oui… Surtout les choses les plus privées, osa-t-elle.

Il la regarda avec perplexité. Il y avait chez Miléna une forme de spontanéité, d'innocence sensuelle à laquelle il était difficile de résister. Le corps était bien là, qui semblait avoir son mot à dire… Elle voulait donc lui offrir ses secrets. L'affaire prenait une tournure inattendue, mais excitante. Comment ne pas jouer le jeu ? Il murmura :

— D'accord. Pour ma part, je ne suis pas sûr d'y arriver, mais essayons.

Ils étaient arrivés sur le bord de mer et s'éloignaient du port, laissant derrière eux les dernières habitations. Ils marchèrent longtemps sur les falaises jusqu'à ce que Miléna prenne un chemin étroit, à peine visible, obstrué par des épineux et des genêts, qui descendait en pente raide. Ils débouchèrent dans une petite crique isolée par deux barres de rochers à l'abri du vent marin. Louis perçut le sable fin sous ses semelles et se mit pieds nus. L'atmosphère était douce, la température idéale. Il se sentait désorienté, comme lors d'un décalage horaire, alors qu'il n'était pourtant qu'à quelque sept cents kilomètres de Paris, et cette sensation de dépaysement lui était agréable, surtout en compagnie d'une femme aussi insolite.

— Quand commence-t-on ? demanda-t-il.

— Maintenant, bien sûr, répondit Miléna. Nous n'avons pas beaucoup de temps.

Sa voix était légèrement plus grave que tout à l'heure, le timbre arrondi par le vin du dîner. Le reflet de la lune formait deux virgules dans ses prunelles. Louis distinguait mal son visage, mais il lui semblait qu'elle souriait.

Il étala sa veste sur le sable et l'invita à s'asseoir. Elle hocha la tête pour signifier qu'elle appréciait le geste attentionné, et s'installa, jambes repliées, se tenant les genoux comme une petite fille. Il se plaça à côté d'elle, adoptant la même position, et frissonna en sentant soudain la présence de ce corps redevenu familier.

Loin derrière eux, la ville s'était tue. Ils ne percevaient plus sa rumeur confuse. Seules les vagues refoulant sur la grève poursuivaient leur murmure hypnotique. Alors, Miléna se mit à raconter.

## 3

— Autrefois, quand j'imaginais ma vie, je songeais à une mer chaude, une maison en bois nichée dans le creux d'une falaise, avec un perron abrité et une large fenêtre ouverte sur l'horizon. Je m'y voyais, repue de mer et de sel, en train d'écrire et d'inventer des mondes avec des personnages tendres et fragiles. J'étais Colette dans son bureau de Saint-Sauveur, Karen Blixen dans sa ferme africaine, Virginia Woolf dans sa chambre de Richmond, Edith Wharton, George Sand, Françoise Sagan... Tu vois, j'étais une petite Parisienne niaise, et je rêvais de passer mes journées en vacances.

— Seule ? interrompit Louis.

— Ne fais pas de commentaires, pas tout de suite s'il te plaît, sinon je ne vais pas y arriver... Après ton départ à San Francisco, je n'étais pas très intéressée par tout cela... Disons que je ne croyais plus tellement à... l'amour. Mes amies, elles, ne parlaient que de sexe, bien plus d'ailleurs qu'elles ne le pratiquaient, mais les phœnix qu'elles reluquaient avec tant d'appétit me semblaient à moi ridicules et plutôt frustes. J'essayais de me raisonner : après tout, les hommes étaient comme ça, et il me faudrait bien m'y habituer.

— La résignation des femelles... glissa perfidement Louis.

— Je sais... Laisse-moi continuer... La mer, l'écriture et, je ne l'avais pas totalement compris, une solitude paisible, c'était donc mon rêve à moi...

Le visage de Miléna s'assombrit un bref instant, mais elle se domina :

— Il y a une question que je me suis posée à chaque tournant de ma vie : « La fille que tu étais autrefois serait-elle fière de la femme que tu es devenue ? » J'aurais tant voulu qu'elle le soit, et j'ai tout fait pour cela, du moins, c'est ce que j'ai cru... Je n'étais pas née dans un bidonville de Bangkok ni dans un village du Sahel, je n'étais pas exposée à la famine ou à la guerre, je bénéficiais d'une existence très privilégiée. Mais il me manquait une chose : un mode d'emploi.

Au fil des mois, le lien avec mon père s'est rompu. Il est parti vivre à l'étranger, je ne l'ai plus vu... Sa figure s'est estompée, tu sais, comme sur ces vieilles photos trop longtemps exposées à la lumière.

Louis ricana :

— On devrait gommer carrément les parents exclus des albums de famille, comme les Soviétiques qui faisaient disparaître les dirigeants déchus des clichés officiels. Une petite retouche numérique et hop ! le tour est joué ! *Exit* le premier mari ! Effacée la belle-mère ! A la trappe, le fils indigne ! C'est la jungle dans les familles ? Pas de problème : élaguons les arbres généalogiques, taillons les broussailles, coupons les branches mortes ! Cela éviterait au moins à tous ces mômes empêtrés dans leurs liens biologiques de se croire victimes à vie du désamour de leurs géniteurs et de rendre ces derniers coupables de tous leurs malheurs à venir… Ouh là ! se reprit-il, je suis en train de pontifier ! Excuse-moi… Continue, s'il te plaît.

— Ma mère, poursuivit Miléna sans faire de commentaires, ma mère s'accrochait à moi, son enfant unique, son bébé, sa petite chérie, comme à une bouée – mais ça, je ne l'ai compris que bien plus tard. Je n'étais plus seulement sa fille, je devenais sa meilleure amie, sa confidente, sa partenaire de vie. Elle s'habillait comme moi, écoutait la même musique que moi, lisait mes livres, regardait mes films. Je faisais de la gym le samedi comme maman, j'allais au théâtre avec elle, je critiquais le gouvernement comme elle. « On ne sait plus qui est la mère et qui est la fille », nous disait-on souvent. Il fallait que je lui raconte tout. Donc, je lui mentais sur tout, c'est-à-dire sur des choses insignifiantes car, en dehors de mes cours, j'avais bien peu à raconter. Maman voulait tellement que je sois heureuse ! Moi, je me débattais pour sortir de l'adolescence. Elle, elle voulait à tout prix y retourner.

Comme maman, je me suis retrouvée à Sciences-Po. Je ne voyais pas bien ce que je faisais dans cette filière, mais on m'avait laissé entendre que cela menait à tout, et pourquoi pas à la littérature ? Et puis, tu le sais, j'habitais à dix minutes à pied de la rue Saint-Guillaume, c'était pratique, non ? Mais je me sentais mal à l'aise dans ce milieu-là. La plupart du temps, j'étais seule, et je travaillais comme une forcenée, sans m'accorder de répit. Je ne parlais qu'amendements constitutionnels et traités bilatéraux, et je fuyais les soirées d'étudiants enfumées et arrosées – un seul verre de vodka me donnait la nausée.

— Les garçons ? interrompit Louis, impatient.

— J'y viens… Il y a eu un dénommé Jules, un prénom que je trouvais rigolo. On se voyait de temps en temps… Un jour, cela se passait chez Léa qui avait improvisé une fête, ses parents étaient partis en week-end et lui avaient laissé l'appartement. On a dansé des slows, Jules et moi, puis nous nous sommes isolés dans une chambre. Et voilà.

— Comment ça, « et voilà » ? Je veux des détails. C'est toi qui l'as voulu !

Il s'était exprimé avec une pointe de cruauté, presque de jalousie.

— Que veux-tu que je te dise ? Il était euh… maladroit. Il a essayé, mais ça n'a pas marché. Il avait dû lire le mauvais manuel. Je me souviens qu'il transpirait à grosses gouttes comme en pleine canicule. Cela n'a pas duré trois minutes. Il ne s'est rien passé en somme. Sauf pour lui.

— Je vois… fit Louis avec dédain. Ensuite ?

Elle avait voulu aller sur ce terrain-là, eh bien, qu'elle assume maintenant !

— Ensuite, rien. Je ne l'ai pas revu. Il a fait courir le bruit que j'étais un « mauvais coup ». J'en ai été catastrophée. En fait, cela m'a probablement épargné bien d'autres mésaventures… Après cet épisode piteux, j'ai baissé le rideau.

Miléna resta un moment silencieuse… Elle se souvenait avec amertume de ces années de solitude, qu'elle avait alors baptisée « indépendance » pour se rassurer – encore l'un de ses petits arrangements avec elle-même. Trop timorée, trop couvée, elle s'était fabriqué une carapace bien lisse, faite de détachement et de fausse légèreté, que l'on interprétait parfois comme de l'orgueil mais qui traduisait surtout son manque de confiance en elle. « Tu n'es pas ce que les gens croient, chuchotait en elle son mauvais petit génie. Tu n'es qu'une usurpatrice ! Tu sais, toi, que tu n'es pas si séduisante, pas si douée… Un jour, ils te démasqueront, la vérité éclatera au grand jour… » Après le départ de son père puis celui de Louis, elle avait fini par cultiver, outre un profond sentiment d'abandon, le désir éperdu de ne pas décevoir et la conviction lancinante de n'être jamais vraiment comprise, que venaient renforcer ses déceptions amoureuses… Alors, elle dissimulait sa peur des relations intimes derrière un humour grinçant, et même parfois grivois. Pour avoir la paix, elle avançait masquée.

— Bon, reprit-elle, il y avait bien des garçons qui tentaient leur chance, ils disaient qu'ils me trouvaient « canon »… Mais je savais bien que le compliment n'était qu'un appât pour m'emmener là où ils voulaient. Et franchement, après ma première « expérience », je n'avais pas envie de leur servir de Kleenex. Je me refermais immédiatement comme une plante sensitive dès qu'un mâle entrait dans mon espace vital, c'est-à-dire à moins de vingt centimètres de mon épiderme. Interdit de pénétrer dans ma bulle ! Et puis…

Elle hésita. Fallait-il aller jusque-là ? Ou n'était-ce pas justement là où elle voulait aller ?

— Continue, l'encouragea Louis.

— Pour mon mémoire de dernière année, se résigna-t-elle, j'avais choisi un sujet juridique pointu, les effets rétroactifs de certaines lois d'harmonisation européenne et les conflits de souveraineté qui en résultaient pour les Etats entrants, un thème qui plaisait beaucoup à mon prof de droit communautaire. A Sciences-Po, c'était l'un des enseignants les plus sympathiques, en tout cas l'un des moins arrogants. Les cheveux bruns, la taille moyenne, un visage sans aspérités, tu vois, l'un de ceux dont on dit qu'il ressemble à tout le monde. Ni beau ni laid, quoi, ni attirant ni repoussant.

Un soir, nous avons pris un café ensemble après son cours. Il m'a dit qu'il appréciait vraiment mon travail, ce qui comptait beaucoup pour moi. Il n'était pas superficiel comme les garçons de mon âge, chacune de ses remarques était argumentée. Nous avons parlé de tout et de rien, histoire, littérature, politique… Il était intarissable sur le voyage de Tocqueville. Moi, je me suis aventurée sur le terrain de mes écrivains américains préférés, je me souviens avoir longuement analysé la mélancolie de Paul Auster que je prenais, à tort d'ailleurs, pour une réaction au trop-plein d'énergie de New York. J'avais tellement envie qu'on me trouve brillante. Il m'écoutait sans m'interrompre, hochait parfois la tête… Pour la première fois depuis… longtemps, j'ai eu l'impression d'être comprise. Enfin, quelqu'un m'estimait pour ce que j'étais !

Puisque nous n'avions pas achevé la discussion sur mon mémoire, il m'a proposé de nous revoir le lendemain en fin d'après-midi, chez lui, dans son « bureau ». C'était en réalité un ancien atelier de peintre, du côté de Montparnasse, un studio cubique curieusement peu aménagé, avec juste un espace de travail, un coin cuisine et un vieux canapé de cuir fauve. La suite, tu peux la deviner…

Miléna reprit sa respiration et se tut. Elle regardait au loin, cherchant la ligne confuse où le ciel se confrontait à la mer. Louis respecta son silence pendant un moment, puis il dit :

— Continue. Au point où nous en sommes… Je crois que cela nous fera du bien à tous les deux.

— Je n'en suis plus sûre, tout d'un coup.

Elle poussa un bref soupir, et poursuivit :

— Je me souviens de cette histoire comme si c'était hier. Mais quand j'y repense, je n'arrive pas à comprendre comment je pouvais être aussi décervelée. N'importe quelle fille qui se serait fourrée dans une telle situation me serait immédiatement apparue comme l'être le plus abruti de toute la galaxie. Mais moi, j'étais l'héroïne du film, et apparemment, la seule à ne pas voir la scène dans sa réalité…

Il s'est assis près de moi, sur le canapé, pour que nous puissions parcourir ensemble les pages de mon mémoire. Soudain, j'ai senti une pression sur mon épaule : il avait passé son bras derrière mon dos, le long du dossier, et posé sa main sur ma nuque. Je n'ai pas osé réagir. Il continuait à parler comme s'il ne s'agissait pas de lui, comme s'il n'avait rien vu, rien fait. Et moi, la fille la plus gourde de l'Univers, je l'ai imité, pérorant à l'unisson sur les barrières douanières comme si de rien n'était. Quand sa main s'est glissée sous mon tee-shirt, il analysait une directive sur le maïs, et moi, j'en étais à « développer ma pensée », comme il disait. Pauvre pensée… Le maïs, vous savez, a toujours fait l'objet d'un traitement particulier dans les négociations européennes, c'est pour cela que je l'ai pris comme exemple… Le printemps était déjà bien avancé et chaud, j'avais voulu paraître élégante, et je portais imprudemment une jupe légère. Il n'eut donc aucune difficulté à continuer son exploration. Mon corps était parcouru de frissons – de la peur, de l'inhibition, une réaction nerveuse ? Je ne crois pas qu'il s'agissait de désir, mais peut-être, lui, l'a-t-il pensé ? Je ne cillais pas, je l'écoutais, et je le laissais faire comme si je n'étais pas concernée.

Au bout d'un moment, il a posé les papiers, s'est levé, m'a pris la main et m'a entraînée vers le minuscule escalier d'une mezzanine que je n'avais pas remarquée jusque-là. Là-haut, je l'ai laissé m'étendre sur le lit, j'ai fermé les yeux, il s'est couché sur moi… La suite s'est déroulée dans une sorte de brouillard, et dans le silence. Je frissonnais toujours comme si on m'avait mise au congélateur. J'ai soudain senti une violente douleur au creux de mon ventre, et je n'ai pas pu me retenir de crier. Il s'est interrompu, et pour la première fois depuis de longues minutes, il a prononcé quelques mots. Je me souviens de sa voix curieusement éraillée, comme s'il était ivre :

— Je ne savais pas que vous étiez encore...

Non, il ne savait pas, mais cela eut l'air de lui plaire. Il a commencé à faire des pompes au-dessus de moi – tiens, voilà que je me mets à parler comme toi ! Je ne sais pourquoi, mais à ce moment-là, j'ai pensé à l'entraînement des GI dans *Full Metal Jacket*. Cent pompes. *Sir, yes, Sir !* J'étais essoufflée moi aussi, contrainte d'adopter son rythme et de supporter son poids... Je me souviens qu'au bout d'un temps assez long, il a poussé une sorte de grognement et s'est arrêté. Je n'ai pas compris tout de suite ce que cela signifiait – mon Dieu, quelle gourde j'étais, c'est inimaginable ! –, je n'avais aucune expérience. Il s'est retiré, a repris son souffle, s'est rhabillé. J'ai compris qu'il fallait que je parte. Pas un mot n'a été prononcé sur ce qui venait de se passer. En me raccompagnant sur le seuil, il m'a tendu l'exemplaire de mon mémoire :

— Il va falloir que nous nous revoyions. Vendredi, après le cours ?

J'ai balbutié je ne sais quelle banalité. Et il a refermé la porte.

Une fois dans ma chambre, après avoir évité de traverser l'appartement de ma mère, je me suis jetée sur le lit, totalement ébranlée. Un moment, j'ai douté de ce qui s'était passé. Ne l'avais-je pas inventé ? Mais non, je le sentais, je sentais encore sa présence. Quelle étrange pratique que de recevoir ainsi la substance d'un autre ! La scène a tourné mille fois dans ma tête. Qu'était-il arrivé exactement ? Etait-ce normal ? J'étais surprise par son mutisme, et je m'attendais à davantage d'affection, et aussi de plaisir. Mais peut-être était-ce ainsi que l'on faisait chez les gens éduqués ?

Et puis, j'avais à peine vingt ans – tard, je sais, pour une première vraie relation sexuelle –, il avait au moins trente ans de plus que moi. Cette histoire était absurde. Mais j'éprouvais, je crois, une sorte de fierté. J'étais flattée d'avoir été remarquée par un homme tel que lui. C'était moi, et non une autre, qu'il avait choisie. C'était moi qui l'intéressais. Quelle chance j'avais ! Dès lors, j'ai attendu avec impatience son prochain cours.

Nous nous sommes ensuite retrouvés chez lui. Nous avons conversé comme si de rien n'était. Il n'a rien dit de notre rencontre précédente, pas un mot. Mes mains en tremblaient. Il ne m'aimait pas alors ? Il s'était trompé ! Je n'étais qu'une pauvre prétentieuse... Mais sans même que nous nous mettions au travail, il m'a une nouvelle fois entraînée vers la mezzanine.

Que puis-je te dire de plus ? Cela s'est reproduit à plusieurs reprises, pendant... trois mois. Chaque fois, c'était le même rituel. Petit à petit, je me suis détendue, j'ai pris des initiatives, j'y trouvais un certain plaisir. Oh, ce n'était pas le fameux feu d'artifice décrit dans les romans. Comme je me le disais souvent, mon ascenseur à moi n'allait pas jusqu'au septième ciel, il s'arrêtait à la mezzanine. Mais enfin, je m'étais installée dans une sorte de... confort qui avait ses avantages. J'y avais gagné une nouvelle considération pour moi-même, et une forme de sécurité. Et puis, comme tout cela était secret, personne ne me posait de questions, nous n'avions pas de contraintes ni d'obligations communes. Cet arrangement me convenait...

Jusqu'à cet appel, un soir de juin, alors que je me laissais aller, dans ma chambre, à des méditations sans lendemain.

— Miléna ?

C'était sa voix.

— Je dois annuler mon dernier cours de la semaine prochaine. Il est donc inutile que vous veniez, je ne serai plus à Paris.

J'ai balbutié :

— Mais... L'année est finie. Quand pourrons-nous...

Son ton devint soudain plus ferme.

— Je crois qu'il faut être très clair. Tout est terminé maintenant. L'année scolaire, et... le reste. Tout s'est bien déroulé, n'est-ce pas ? Nous sommes tous les deux très heureux de ce moment dans notre vie. Il faut savoir tourner la page. Je suis sûr que vous allez trouver un garçon de votre âge.

J'étais tétanisée, vidée de toute mon énergie.

— Mais...

— Je vous souhaite bonne chance pour votre future carrière. Je vous l'ai déjà dit : vous êtes une jeune femme très prometteuse, tout vous est ouvert. Passez d'excellentes vacances. Je ne vous dis pas à bientôt.

Et il a raccroché.

— Un beau salaud, quoi. Pas vraiment une surprise, hein ? commenta Louis.

— C'est en effet ce que je me suis répété pendant des jours et des nuits. J'étais en pleurs, anéantie. Sans le vouloir, il m'avait fait un cadeau : il s'était montré tel qu'il était. S'il n'avait pas été aussi brutal, j'aurais encore été capable, imbécile que j'étais, de me ronger les sangs en me demandant pourquoi cet homme si intelligent et si attentionné ne me considérait plus digne d'intérêt, je l'aurais sans doute supplié de me reprendre, j'aurais tout fait pour lui prouver que j'étais mieux qu'il ne le pensait, j'aurais fait le siège de son appartement pour implorer un regard, un sourire, une invitation... Mais heureusement, c'est bien en salaud qu'il s'est démasqué. Alors, je l'ai abhorré, maudit, assassiné en pensée, j'ai rêvé mille scénarios pour lui faire ravaler sa morgue. Il allait voir ce que j'allais lui faire. J'irais l'attendre au coin de sa rue avec des gros bras qui lui casseraient la figure – mais où peut-on trouver des mercenaires ? –, non, qui lui couperaient plutôt ce dont il était si fier. Ah, on le verrait, Monsieur le professeur, à genoux devant moi, pitoyable, on l'obligerait à demander pardon, à avouer ce qu'il avait fait devant tous ses élèves, il serait viré de Sciences-Po, ses méfaits s'étaleraient dans le journal interne, on en parlerait même dans les couloirs de l'Union européenne... Il n'allait pas s'en tirer comme ça... Tu ne peux pas t'imaginer comme je l'ai haï ! Comme je les hais encore, ceux qui se comportent comme lui ! Mais il y avait surtout une personne à qui j'en voulais, une personne que je ne pouvais plus supporter : moi ! Comment avais-je pu me laisser embarquer dans cette histoire minable, dans ce piège si banal ? Comment avais-je pu moi – moi, moi vraiment ? – y participer et même en être fière ? Je n'étais pas seulement bête et niaise. J'étais corrompue, dénuée de toute dignité. Ah ! Elle était belle, ma morale ! Il était réussi, mon rêve de romantisme ! A la première occasion, j'avais cédé à un pauvre type. Quelle lâcheté ! Je me détestais ! Bien sûr, je n'ai rien fait contre lui, et que pouvais-je faire ? Je me suis contentée de me morfondre dans les dix mètres carrés de ma chambre en évitant le plus possible ma mère.

— Ce n'était pas ta faute, Miléna, tu sais... murmura Louis.

Elle soupira une fois encore.

— Oui et non. J'étais consentante...

— Mais abusée aussi. Aux Etats-Unis, cela aurait pu lui causer de sérieux ennuis... Si tu en avais parlé à une amie, je suis sûr qu'elle t'aurait dit : « Miléna, le problème, ce n'est pas toi. C'est lui ! »

— Les filles ne veulent pas reconnaître qu'elles peuvent se faire avoir à ce point, et elles sont bien trop emberlificotées dans leurs propres filets pour faire preuve de lucidité. Tout ce que je te dis là, je ne l'ai compris que bien plus tard. Il m'a fallu longtemps avant de pouvoir penser à cette histoire sans pleurer. J'ai toujours été un peu lente.

— Tu étais seulement innocente.

Miléna se rebiffa :

— Et alors ? Ce n'est pas une excuse. On n'a pas le droit de rester innocente ! C'est trop facile de se dédouaner ainsi. On n'est pas innocente par hasard. On choisit de le rester, on choisit de s'aveugler. Je le sais maintenant, l'innocence peut conduire au pire. Tu vois, je t'ai bien lu...

— Eh ben... Je ne crois pas être aussi sévère.

— Parce que tu n'as pas vécu ça ! Tu n'as pas connu ce sentiment de destruction intime ! Inutile de te décrire les états dépressifs par lesquels je suis passée. Je tentais de les dissimuler à maman, qui mettait mon isolement dans ma chambre sur le compte des derniers examens à réviser. Je ne pouvais plus supporter Sciences-Po, le VII$^{e}$ arrondissement, Paris… Je voulais fuir. J'ai sauté sur la première occasion qui s'est présentée. Lors d'un dîner, un couple, vaguement ami de ma mère, avait déclaré qu'ils partaient en bateau pour l'été avec un autre couple quinquagénaire et qu'ils cherchaient encore un coéquipier. Je les ai rappelés. L'affaire a été réglée en quelques jours. En juillet, j'ai embarqué sur un deux mâts, direction l'Angleterre, puis les Antilles.

— Pas mal ! siffla Louis, admiratif.

— Attends… Je pensais que la mer allait me purifier et me redonner vie. Au début, tout m'émerveillait : le claquement des voiles, la musique des cordages, le piaillement des goélands qui nous suivaient, et puis, sur le pont, ce souffle continu qui me piquait le visage… Mon univers s'était ouvert, l'horizon avait reculé, j'avais l'impression de trouver mon salut.

Peu après avoir entamé la grande traversée, j'ai compris que j'avais négligé une évidence. Le monde autour de moi était infini, mais celui sur lequel j'étais contrainte d'évoluer était minuscule, et je devais le partager avec d'autres humains. Il était évident que l'un des deux hommes à bord s'arrangeait toujours, sous un prétexte ou un autre, pour s'acquitter avec moi des corvées de cuisine et des quarts. Et il était aussi évident que son épouse, très sympathique au départ de France, devenait de plus en plus sèche à mon égard, à mesure que son mari se faisait pressant. « J'adore ce tee-shirt, il vous va à merveille », disait-il, en profitant pour me caresser l'épaule. Plus je me défilais, plus il insistait, et plus sa femme me soupçonnait.

Ça recommençait ! J'étais maudite ! Je les attirais comme des mouches ! Moi qui voulais ouvrir mon univers, je me retrouvais enfermée dans une boîte d'allumettes avec des cafards ! J'ai passé le reste de la traversée à élaborer des stratégies pour éviter le drame. Heureusement, personne ne fut jeté aux requins… Quand le bateau a accosté à Saint-Barthélemy – on devait rester au mouillage quelques jours pour visiter l'île et retrouver un peu l'équilibre terrestre –, je n'ai pas tout de suite annoncé ma décision, mais elle était prise : je ne poursuivrais pas avec eux.

— Saint-Barth, l'île de la jet-set ! fit Louis. Tu pouvais tomber plus mal.

— Pas sûr… Une semaine plus tard, j'ai regardé le bateau disparaître au large, effrayée de me retrouver en solitaire avec peu d'argent en poche, mais libre, enfin libre !

Miléna se tut et ferma les yeux. Ses mains jouaient machinalement avec le sable, et elle se revit là-bas, sur son île, sur la plage de Gouverneur, face à la mer scintillante, seule et nue comme aux origines du monde.

*« Les femmes sont ouvertes. Les femmes sont vulnérables. Dans le désir de pénétration du mâle, subsiste encore une tentation destructrice, une envie sourde de briser le corps de l'autre, de trouver la jouissance en exploitant la fragilité et en détruisant l'innocence. »*

Louis FARRELL, *La Malédiction mammifère.*

## 4

Elle était entrée dans son rêve. Il n'y avait pas la maison au bord de l'eau ni le ponton, mais quelle importance ? Puisqu'il y avait la mer, d'une limpidité sans pareille, qui déclinait sa palette des bleus purs, de l'azur du rivage au turquoise de l'horizon, la mer qui la lavait de tout et la régénérait. Vers 6 h 30, au moment où le soleil émergeait tout juste de la falaise, elle arrivait la première et prenait possession de la crique. Souvent, une brève ondée tropicale avait lissé le sable et estompé les empreintes de la veille, le vent du sud avait nettoyé le ciel pour une nouvelle journée, tout semblait avait avoir été préparé pour elle. Seuls quelques cormorans matinaux s'étaient mis à la pêche, négociant de vertigineux piqués, les tourterelles avaient entamé leur partition à trois tons, et de petits crabes translucides sortis d'un dessin animé, les yeux fixés au bout de deux longues antennes, crapahutaient craintivement d'un trou à l'autre, discrets comme des détectives en mission. Parfois, un énorme perroquet rouge et bleu surgi d'une maison lointaine faisait quelques tours de piste en tournoyant d'un rocher à l'autre. Il arrivait aussi qu'un iguane ventru, l'un des nombreux locataires des broussailles, tente quelques pas débonnaires sur le sable, puis s'en retourne, déjà las, en levant lentement ses pattes crochues. Mais c'était tout.

Seule sur la plage, seule au monde, elle se précipitait dans les vagues, filant vers les profondeurs, effleurant les algues, taquinant un poisson. Parfois, elle s'équipait d'un masque pour mieux discerner les daurades coryphènes et les rascasses qui se confondaient avec les rochers, ou pour suivre une tortue en voyage qui la regardait de ses yeux carapacés. Elle jouait avec la pesanteur, toute ramassée, menton sur les genoux, petite boule bousculée par le courant, puis étirait lentement son corps, longue ligne immobile, en réveillant chacun de ses muscles tendus, obéissants. Alors, elle se sentait vivante.

Après le départ des maudits quinquagénaires, Miléna s'était retrouvée sur le quai, désorientée. Dans un film, s'était-elle dit, la caméra s'éloignerait. Travelling arrière. On la verrait s'amenuiser, minuscule silhouette perdue au milieu du port. Fin de la séquence. Comment écrire l'épisode suivant ? Que faire maintenant ? Elle avait appelé sa mère, prétextant un mal de la navigation qui l'empêchait de poursuivre la croisière. Mais non, maman, tout allait bien, l'île était magnifique, elle était en sécurité, elle resterait quelques jours pour en profiter. Non, il n'y avait aucune raison de s'inquiéter pour elle, il lui restait de l'argent, et si besoin est, promis, elle n'hésiterait pas à téléphoner… Elle avait trouvé une petite chambre en location, avec une fenêtre en hauteur d'où elle pouvait apercevoir une partie de la baie avec les voiliers somptueux et les yachts lourdauds des milliardaires.

L'appréhension des premiers jours s'était dissipée, et elle se félicitait de son évasion soudaine, se sentant protégée dans cette île singulière. Saint-Barth, le luxueux repaire caraïbe, était peuplé par une faune hétéroclite. Les personnalités en vogue échappées des pages *people* qui séjournaient dans leurs villas sur les falaises et les jeunes traders de Wall Street venus se défouler entre deux orgasmes boursiers côtoyaient les aventuriers et les nomades des mers, marins temporaires dans l'attente d'une traversée, serveurs des restaurants, vendeuses manucurées des bijouteries hors taxe, jeunes déracinés volontaires échoués dans ce petit paradis parce que la vie y semblait plus folle et plus ensoleillée qu'ailleurs. C'était à cette population marginale que Miléna s'était intégrée. Les garçons avaient la barbe timide et la peau salée, les filles semblaient dégraissées par le climat, bras fins comme des ficelles, jambes cannelle couvertes d'une ombre de jupette, sylphides des tropiques lançant nerveusement leur Jeep à l'assaut des collines dans un incessant ballet. Tous baragouinaient un anglais vaguement américain et se retrouvaient, la nuit tombée, à la terrasse du Sélect, au centre de la minuscule capitale, où on refaisait le monde en alignant les joints et les ti'punch à deux dollars. La musique était bonne, le ciel débordait d'étoiles, on était les maîtres de l'Univers.

Miléna n'avait pas prévu de rester, mais une petite annonce qui proposait un job de vendeuse dans une librairie sur le port l'avait tentée. Après tout, qu'aurait-elle fait à son retour en France ? Elle n'avait pas d'emploi, pas de projets. Retrouver sa mère ? Non, rien ne l'obligeait à rentrer tout de suite. Pourquoi ne pas essayer de vivre autrement, au moins quelque temps ? Elle avait été immédiatement embauchée. Le lieu était chaleureux – un canapé était installé pour les lecteurs face à une grande baie vitrée qui ouvrait sur la mer – et les clients peu nombreux, ce qui lui laissait le loisir de lire. Pouvait-elle trouver meilleur endroit ?

Chaque matin, elle filait sur un scooter de location pour se précipiter dans l'eau. Une fois son rituel accompli, elle se rendait à la librairie où elle passait la journée, souvent plongée dans une nouvelle découverte littéraire. Quelques clients, un peu de comptabilité, les commandes et les retours de livres… Le soir, elle ne restait jamais très tard au Sélect, et si elle faisait parfois un écart, elle évitait de suivre ses compagnons dans leurs dérives. Les aventures d'une nuit ne la tentaient pas. Petit à petit, elle avait découvert la face cachée de l'île, la langueur désabusée qui minait nombre de résidents, la quête incessante des filles prêtes à tout pour séduire un milliardaire de passage, les déchaînements des riches trentenaires new-yorkaises qui – elle avait surpris, abasourdie, l'une de ces scènes nocturnes – faisaient l'amour (« l'amour » !) en cinq minutes dans le parking des restaurants avec le premier venu pour rentabiliser leurs vacances arrachées à leur vie hystérique. L'île était pour elles une sorte d'exutoire où elles s'évertuaient à réaliser leurs fantasmes de femmes « modernes ». Comme d'habitude, Miléna se tenait prudemment à l'écart. Parfois, dans ses moments de solitude, elle se demandait comment sa vie avait à ce point bifurqué, et elle se mettait à douter. Que faisait-elle là, dans ce paradis tropical, royaume de tous les excès ? Elle savait confusément que cela ne pouvait durer. Un jour, la parenthèse devait se refermer, et il lui faudrait bien affronter ce que l'on appelait vulgairement la réalité.

Ce matin-là, alors qu'elle se préparait à quitter la plage, son rituel du réveil marin accompli, elle entendit un cri derrière elle. Un homme courait dans sa direction, à la poursuite d'un chien qui tenait dans sa gueule un énorme animal. Elle comprit vite qu'il s'agissait d'un iguane. Le reptile se débattait de toutes ses forces sans parvenir à se libérer des crocs plantés dans son dos. Elle se plaça sur la trajectoire du chien, les bras tendus pour s'interposer, et lui donna un grand coup de serviette de bain, ce qui lui fit lâcher prise. Avec une agilité insoupçonnée, l'iguane se précipita vers les broussailles en levant bien haut ses drôles de pattes griffues, et disparut.

— Merci ! Heureusement que vous étiez là ! fit l'homme dans un anglais très new-yorkais.

Grand, la mâchoire carrée, les cheveux coupés court. Une tête caricaturale d'Américain, un accent chuintant à la James Stewart qui donnait l'impression qu'il mâchonnait chacun de ses mots avant de les prononcer. Tout droit sorti d'un film des années 1950.

— C'est le chien de mes amis, expliquait-il. Je n'aurais jamais dû l'emmener. Ce crétin d'animal chasse n'importe quoi. Il n'y a pas trop d'iguanes sur l'île pour qu'on lui laisse faire de tels massacres.

Puis il lui tendit la main.

— Tom, fit-il.

— Miléna, répondit-elle avec un léger temps de retard.

Elle s'était habituée à cette manière singulière des Américains qui s'interrompaient brusquement pour décliner leur identité. Au moins, c'était clair et direct. Les Français restaient généralement plus flous, et il n'était pas rare de converser pendant de longues minutes avec un inconnu sans que l'on sache à qui on avait affaire et sans que personne songe à faire les présentations.

— Vous n'êtes pas d'ici, n'est-ce pas ? demanda-t-il.

Sans qu'elle sache vraiment pourquoi, la question la vexa. Elle aurait bien aimé qu'on puisse la croire « d'ici ». Mais, c'était vrai, elle n'avait pas l'allure locale.

— Je viens de métropole. De Paris. Enfin… je vis ici. Pour le moment.

— Intéressant, intéressant, reprit l'Américain. En vacances ?

— Euh… Pas vraiment. Je suis libraire. Enfin, je travaille dans la librairie.

Il hocha de nouveau la tête.

— OK. Je ne savais pas qu'il y avait une librairie, ici.

— Il y a même l'eau et le téléphone, vous savez.

L'homme ne comprit pas la plaisanterie.

— Je peux vous offrir un café ? J'habite là-haut, dit-il en indiquant un petit chemin à peine visible de la plage, protégé par une barrière, qui montait en pente raide sur la falaise.

Miléna ne se fit pas prier, curieuse de découvrir le mystérieux domaine qui dominait *sa* plage. Elle ne fut pas déçue. C'était un royaume invisible, un repaire à flanc de rocher dissimulé par une végétation minutieusement entretenue, Xanadu sous les tropiques ! Les pièces d'habitation accrochées en surplomb se succédaient jusqu'au sommet : au niveau inférieur, un vaste salon meublé de canapés moelleux et jouxté d'une large cuisine ouverte ; plus haut sur la colline, des chambres, lits à baldaquin recouverts d'un voile de coton blanc, ventilateurs aux pales d'écailles légères, salles de bains somptueuses, terrasses tournées vers la mer, et au sommet, baignée par une longue piscine en demi-lune, une salle de musique au parquet de bois clair qui devait se prêter à la danse et offrait un point de vue circulaire sur l'île.

Le domaine, lui expliqua Tom, appartenait à l'un de ses amis, un musicien américain célèbre qui avait eu le coup de foudre pour la baie et avait acheté la falaise pour la transformer en discrète résidence, très prisée par le Tout-Saint-Barth.

— Venez ce soir, lança Tom au moment où Miléna prenait congé. Il y a une petite fête, vous êtes la bienvenue. Venez !

— Mais…

— Ne craignez rien. Il y a toujours au moins une bonne cinquantaine de personnes…

Quand elle parut ce soir-là, vêtue de sa robe en soie bleue, sa préférée, de nombreux invités – architectes, photographes, artistes, agents immobiliers ayant fait fortune sur l'île – se pressaient déjà devant les buffets en contemplant le coucher de soleil, de l'autre côté de la baie. Les tables débordaient de plats locaux dont Miléna raffolait : wahoo grillé, thon au gingembre, bananes plantin, et des montagnes de mangues, goyaves et papayes.

— *Great food !* lança une voix mâle à côté d'elle.

C'était Tom, avec son sourire de cinéma.

— Vous savez comment ça s'appelle ? ajouta-t-il en lui désignant un plat de gratin.

— Des christophines, répondit Miléna. Ce sont des sortes de pommes de terre, un peu sucrées. On peut les faire en purée, en gratin, comme on veut.

L'Américain hocha la tête pour indiquer qu'il appréciait l'explication.

— Chreis-tou-fines… Chrais-to-fennes… OK. *Sweet potatoes !*

Elle éclata de rire.

— C'est plus facile, en effet.

Devant eux, les couleurs de la baie perdaient leur éclat. Pas une ride, pas une vague. L'Océan était calme comme un lac, si immobile qu'on aurait dit un tableau. Ils regardèrent l'ombre de la crête parcourir lentement la plage en contrebas, repoussant la ligne de lumière jusqu'à la faire disparaître, rideau tiré sur une journée comme les autres. Ils parlèrent encore pendant de longues minutes, alignant des platitudes sur l'île, Paris, New York. Elle minaudait, flattée d'être l'objet de toutes ses attentions. Il veillait à ce que son verre soit toujours rempli, et restait à côté d'elle, décourageant les autres invités qui cherchaient à s'approcher.

— Vous me faites penser à Hepburn, murmura-t-il plus tard, en la regardant dans les yeux.

— Audrey ou Katharine ?

— Audrey, bien sûr. *Breakfast at Tiffany's*. Vous n'êtes pas bien grosse, vous non plus.

Etait-ce une critique ou un compliment ? Miléna avait le tournis, comme elle avait l'habitude de le dire. Comme toujours, elle avait veillé à ne pas boire trop d'alcool, sachant combien elle y était sensible. Mais sans s'en apercevoir, elle avait dû dépasser la dose. Elle s'entendait glousser stupidement à chacune de ses remarques, et elle tentait difficilement de garder l'esprit clair. A quoi bon, après tout ? L'air du soir était divin, le paysage, sublime. Elle se sentait bien.

Des habitués arrivaient encore, malgré l'heure tardive, et se retrouvaient dans le grand salon inférieur pour y fumer – un peu de tout – et boire – beaucoup – en écoutant de la musique à haut volume, et, à mesure que la nuit avançait et que les bouteilles de rhum se vidaient, des couples se séparaient ou se composaient en s'éloignant dans les nombreuses pièces attenantes ou en descendant sur la plage.

Ce fut Tom qui prit congé. Il lui serra la main poliment, lança une formule banale et la quitta. Miléna était légèrement ivre, et plutôt déçue. En somme, il s'était forcé, il s'était dévoué pour lui faire la conversation, mais il ne lui accordait pas d'intérêt. Quelle cloche ! Elle se sentait ridicule dans sa petite robe bleue qui révélait son corps trop mince. Audrey Hepburn, ben voyons ! De toute la soirée, elle n'avait balbutié que des propos insignifiants. Bonne à rien, comme d'habitude, même pas à tenir une conversation acceptable. Elle salua le propriétaire des lieux et s'en retourna piteusement chez elle.

Le lendemain, en fin de matinée, la tête alourdie par les excès de la veille, Miléna déballait des cartons, tournant et retournant devant les bibliothèques de la librairie avec perplexité. Dans quel rayon devait-elle ranger le nouveau livre d'Amos Oz ? L'écrivain est israélien, il écrit en hébreu, elle ne pouvait pas le ranger dans « Littérature du Moyen-Orient » avec les auteurs arabophones… A côté des livres d'Elie Wiesel, ce serait logique… Ah non, lui, il est américain et elle l'avait mis dans « Littérature anglo-saxonne » – ce qui, d'ailleurs, était une erreur, puisqu'il écrit en français. Elle ne pouvait quand même pas créer un rayon « Littérature juive »… Regrouper leurs ouvrages en fiction, alors ? Mon Dieu, Miléna, non ! *La Nuit* n'est pas une fiction, hélas !

— *Hi !* lança soudain une voix forte et grave.

Elle ne l'avait pas vu arriver. Tom était là, posté devant elle, immense et dégingandé, et la regardait sans gêne, comme s'il observait un insecte. Il lui sembla plus grand encore que lors de leur première rencontre.

Il s'avança vers elle et lui tendit la main :

— Je voulais voir… euh… vos livres, dit-il.

— J'ai le dernier Amos Oz et beaucoup d'Elie Wiesel.

— Excellent, excellent… fit Tom en sortant négligemment un livre d'un rayon.

— Vous cherchez quelque chose en particulier ?

Tom la toisa du haut de son mètre quatre-vingt-dix.

— Euh… Je cherche plutôt quelqu'un.

Miléna sentit le rouge lui monter aux joues, mais elle ne trouva rien à répondre.

— Euh… Je souhaiterais vous inviter à dîner.

La demande était directe. Miléna se dandinait sur un pied, ne sachant que répondre. Mais déjà, il poursuivait :

— 19 heures. Je passe vous prendre ici ?

Attablés dans un petit restaurant du port connu pour ses sushis de crevettes et de thon, il lui déclina succinctement son histoire. Bonne famille new-yorkaise républicaine depuis toujours, études convenables à Columbia, *business school*, premiers emplois dans des banques… Il occupait maintenant un poste haut placé dans une société de conseils financiers à Manhattan, ou quelque chose comme ça, Miléna n'avait pas bien compris de quoi il s'agissait exactement. Quant à sa vie privée, il ne donnait pas de détails, et ne répondait que par petites phrases polies.

Miléna, elle, fut aussi discrète que possible, et elle passa rapidement sur les événements qu'elle avait vécus. Elle appréciait la solidité de son compagnon, sa pondération. Il semblait regarder le monde sans appréhension, réglait chaque question avec calme, et elle avait l'impression d'être en sécurité à ses côtés. Contrairement aux hommes qu'elle avait côtoyés, il n'était pas insistant avec elle, il ne jouait pas le jeu de la séduction, ne faisait pas d'allusion sexuelle, et elle se demandait même si elle lui plaisait. Mais pourquoi alors l'invitait-il ?

Il attendit le lendemain, alors qu'ils étaient attablés dans un autre restaurant élégant, pour lui prendre la main et la garder un moment dans la sienne. Il fit preuve de la même aisance un peu plus tard, en la raccompagnant, la prenant par les épaules et l'embrassant sur les lèvres avant de s'éloigner. Deux jours plus tard, après un autre dîner pendant lequel la conversation avait essentiellement porté sur le base-ball – il lui avait expliqué avec passion, à elle, la novice, pourquoi ce sport était un art –, il lui dit simplement : « Je vous emmène boire un verre. » La phrase n'était pas formulée comme une demande, mais comme une simple information qui n'attendait pas de réponse. Prise au dépourvu, Miléna n'osa protester. Il était doux après tout de se laisser faire.

Arrivés au repaire sur la falaise, il la conduisit en silence dans sa chambre, où les attendait, bien en vue sur la table basse, une bouteille de champagne dans un seau à glace. Miléna eut l'impression d'avoir déjà vu la scène, encore dans un film sans doute ? Les gestes experts qu'il accomplit pour faire sauter le bouchon et remplir leurs coupes, le toast un peu solennel qu'il prononça en soulevant son verre, et la manière dont il l'enlaça, tout cela lui sembla familier. Par la large baie, elle entrevit un moment le ciel étoilé, avec sa lune bizarre, inclinée du mauvais côté – elle s'était toujours demandé pourquoi elle n'avait pas la même position qu'en Europe, une histoire d'hémisphère, peut-être ? –, puis elle ferma les yeux.

Ensuite ? Elle ne se souvenait plus des détails. Ce fut agréable, voilà tout. Le champagne lui tournait la tête, et c'était bon de se laisser aller, de s'abandonner sans peur, de ne plus penser. Il s'efforçait ne pas la brusquer ; elle s'appliquait, elle, bonne fille, à s'accorder à son rythme, sans être transportée de plaisir, mais bon, elle était comme ça, non ? Un moment après qu'il eut poussé un long soupir, il murmura qu'il était heureux de l'avoir rencontrée, qu'il aimerait qu'elle le suive à New York, et il s'endormit comme un bébé, la laissant posée dans son lit, à ses côtés, comme une évidence, sans lui proposer de la raccompagner. Miléna contempla un moment les étoiles, petites taches diffuses projetées sur la moustiquaire au-dessus du lit. New York... La ville lumière, la cité magique... New York... Miss Liberty pouvait-elle résister à l'appel de New York ?

— J'ai pensé à toi, à nous autrefois, à notre rêve... poursuivit-elle sans regarder Louis. Je voulais tirer un trait, tu comprends, en finir avec ma vie d'éternelle adolescente, laisser derrière moi les atermoiements de jeune fille couarde et naïve. Je voulais devenir adulte.

Une semaine plus tard, après plusieurs nuits passées avec Tom dans la chambre du troisième niveau, au milieu des palmiers, lauriers-roses, citronniers et hibiscus, elle avait pris sa décision. New York, avec un homme qui l'avait choisie, un homme qui se montrait doux et attentionné, qui la protégerait, un homme qui allait l'aimer...

Quand le petit avion vira au-dessus de la baie et survola l'île, Miléna eut pourtant un pincement au cœur. Il semblait si dérisoire, ce gros rocher, si irréel, comme sorti d'un livre d'aventures. Tout en bas, au milieu des voiliers immobiles dans le petit port de Gustavia, on y aurait reconnu sans surprise le bateau du Capitaine Crochet. Autrefois, il n'y avait pas si longtemps, des pirates, des vrais, s'étaient affrontés pour conquérir ce lieu du bout du monde, des navires avaient coulé dans ses eaux limpides, et des générations de colons avaient patiemment modelé cette rocaille aride, couverte d'épineux et infestée de moustiques. Tant d'obstination pour construire des maisons, cultiver des champs, creuser des routes… Etranges personnages que ces humains infimes qui n'étaient même plus des points minuscules sous les ailes de l'avion… Jadis, songea Miléna, l'île était le lieu de relégation des plus pauvres. Aujourd'hui, elle était devenue le havre des plus privilégiés. Elle la quittait à regret, mais décidément non, elle ne pouvait passer toute sa vie dans les pages d'une revue *people*…

Elle regarda Tom, plongé dans la lecture d'un magazine financier, insensible au splendide paysage qui défilait sous l'appareil, et elle se sentit mal à l'aise. L'altitude, et cette impression d'irréalité qu'elle éprouvait toujours en avion, lui tournaient la tête. A mesure que l'île s'éloignait, elle prenait conscience qu'une parenthèse se fermait. Travelling arrière, une fois encore. Fin du film ? Etait-elle en train de revenir dans le monde réel ? Elle observa à nouveau l'homme avec qui elle partait, sa large carrure, ses cheveux drus coupés trop court, son air sûr de lui. Elle détailla son visage impassible, enfermé dans sa lecture, elle le regarda fixement, comme si elle le voyait pour la première fois, et une question lui vint alors à l'esprit : qui était donc cet étranger ?

# Deuxième jour

*« Reconnaissons-le, l'ouvrage de Louis Farrell ne manque pas d'ambition. Mais on se demande sur quelle planète il vit ! Plaider, contre vents et marée, que la sexualité humaine n'a pas fondamentalement changé depuis les temps préhistoriques et que nous n'aurions pas réussi à la "civiliser" est une provocation, que notre anthropologue a cependant l'air de prendre très au sérieux. »*

*Le Nouvel Observateur.*

*« L'anthropologue nous dépeint un homme moderne toujours entravé par ses racines archaïques (celles de la procréation), qui rêve d'amour et de transcendance mais se trouve éternellement ramené à l'appel enragé de son corps et à l'obsession de son désir. Quand on observe le monde d'aujourd'hui, on se dit qu'il n'a peut-être pas tort et que la sexualité douce n'est pas le lot de tous. Mais comment alors se penser libre avec de telles chaînes ? »*

*Psychologies Magazine.*

*« Farrell, qui condamne le stéréotype de la sexualité "procréative", prend ses désirs pour des réalités. Rêve-t-il d'un monde asexué peuplé de clones éthérés qui se donneraient du plaisir à distance en quelques vibrations légères ? Est-ce cela la douceur dont il voudrait nous affubler ? Qu'il le veuille ou non, le désir est une affaire de chasse et de chair, et le sexe, une délicieuse guerre, c'est bien d'ailleurs ce qui en fait le charme. Oui, nous sommes toujours des mammifères, et nous en sommes fiers ! »*

*Rolling Stones.*

# 5

La rumeur de la foule. Conversations dénuées de sens, milliers de mots entrechoqués, clameurs, exclamations, vociférations, jurons, rires, appels, glapissements, fragments de paroles charriés par le fleuve sonore... Début de migraine. Trop de bruit, trop de chaleur, trop de monde. La houle incessante des corps anonymes devant le stand lui donne le mal de mer. Dans le flot, parfois, une silhouette remarquable, un visage harmonieux, un sourire, quelques phrases échangées. Puis de nouveau le grand brassage, le vertige...

Un homme s'approche avec méfiance. Se saisit d'un livre sur la pile. Le retourne. Examine le dos de la couverture. Fait un pas en arrière pour mieux regarder la photo suspendue au-dessus de lui. Le dévisage à nouveau.

— Louis Farrell, c'est vous ?

— Je le crains, répond Louis, en s'efforçant d'être agréable.

— Ah...

Retourne le livre. L'ouvre au hasard. Lit trois lignes. Reprend la quatrième de couverture d'un air perplexe...

Pourquoi inflige-t-on cela aux auteurs ? Pourquoi les aligne-t-on ainsi comme des suspects lors d'une identification de police, jetés à la vindicte de la foule, leurs livres exposés devant eux comme autant de preuves de leur délit ? S'il vous plaît, se dit Louis, assis devant sa pile de *Malédiction mammifère*, il y a là des heures, des jours, des mois de ma vie. Ne jetez pas mon livre dans la poubelle de votre indifférence ! Ayez au moins un peu de compassion pour mes nuits blanches !

— Vous croyez vraiment qu'on est encore des primates ? lance le visiteur avec une certaine agressivité.

— Ça dépend de qui vous parlez, réplique Louis. La grand-mère d'un paléontologue de mes amis lui a dit un jour : « Toi, tu descends peut-être du singe, mais pas moi ! » Disons qu'il y a des primates plus sexy que d'autres.

— Mmmm…

L'homme, peu sensible à son humour, ne bronche pas. Parcourt une fois encore la quatrième de couverture. L'approche de son visage pour prendre connaissance du prix. Feuillette à nouveau l'ouvrage. Le repose finalement sur la pile. Esquisse une moue indéterminée. Et sans ajouter un mot, va se perdre à nouveau dans le flot des visiteurs.

Louis ne se plaignait pas. Il avait signé une quantité non négligeable de livres en deux heures, ses voisins ne pouvaient pas tous en dire autant. Il regardait Miléna qui s'affairait, courant d'un auteur à l'autre, les complimentant, donnant des consignes aux jeunes vendeuses, et il n'avait qu'une envie, c'était de se retrouver seul avec elle pour poursuivre leur récit de la veille.

La séance de dédicaces était toujours pour lui une épreuve. Tant d'énergie, tant d'obstination pour produire un petit tas de papier qui, au mieux, finirait sur une étagère, ne présentant plus qu'une tranche timide, serré entre d'autres auteurs voués à l'oubli. Ou, au pis, terminerait sa courte vie virtuelle aux enchères sur Internet : « Bon état général, couverture intacte, comme neuf, 3 euros. » Et si on laissait tomber tout cela, si on ouvrait les fenêtres, si on allait plutôt embrasser les passantes pendant qu'on avait encore toutes ses dents ?

— Un salon du livre est une leçon d'humilité, lui chuchota une voix caverneuse à l'oreille.

Gringoire était à côté de lui, l'œil sarcastique, dominant le stand de sa stature de Goliath. L'acteur avait de l'intuition.

— J'étais effectivement en train de m'apitoyer sur mon sort, répondit Louis. Difficile de ne pas se demander, en voyant tout cela, pourquoi on s'obstine encore à écrire.

— Vous connaissez parfaitement la réponse : parce qu'on en a besoin ! Parce que c'est encore la manière la plus douce de fuir le monde ! Vous êtes du genre à passer une journée entière sur une seule phrase, je me trompe ?

— C'est vrai. Je suis besogneux et obstiné.

— Vous aimez la musique, c'est tout. Ecrire, c'est faire de la musique. « Dans un mois, dans un an, comment souffrirons-nous, seigneur, que tant de mers me séparent de vous ? »... Vous avez entendu ? Le vent, l'océan, le cri ? Vous la voyez, Bérénice, prostrée, au bord du rivage, déchirée par l'absence, une douleur lancinante au cœur… « Dans un mois, dans un an… » Voilà des vagues qui déferlent, un cyclone qui se lève au-dessus des flots, un ouragan lourd du désespoir de l'aimée, un chant poignant qui crie sa souffrance à l'Univers entier ! Et le temps qui s'écoule, la lenteur insoutenable des mois, des années qui va l'anéantir… De la musique pure, rien que de la musique ! Voilà ce que l'on devrait dire aux gamins. Au lieu de cela, dans nos écoles, on assassine les phrases, on les dépèce, on les démembre, on les désosse comme à l'abattoir, mot après mot, sous prétexte d'analyser la langue. Mais qu'on écoute d'abord leur musique, qu'on les fasse chanter ! C'est comme cela qu'une langue trouve son sens : en chantant !

Louis écoutait, admiratif.

— J'envie votre enthousiasme. Où trouvez-vous autant d'énergie ?

Gringoire hocha la tête en faisant la moue :

— Dans le désespoir, cher ami. Le désespoir, mais pas l'accablement. Le monde est bien trop tragique pour qu'on le prenne au sérieux. Aujourd'hui, seule la folie nous fait tenir debout. « Les fous n'eurent jamais saison moins salutaire, car les hommes sensés, déments sont devenus. » C'est le fou du *Roi Lear* qui le dit. Un expert !

On lui avait réservé pour le début d'après-midi une petite salle calme, au fond du grand chapiteau, d'où on ne percevait plus du Salon du livre qu'un bourdonnement étouffé. Encore une corvée avant de retrouver Miléna…

La journaliste était là, ponctuelle, installée devant la table basse sur laquelle elle avait déjà installé un micro.

— Qu'est-ce exactement que le sexe pour vous ? commença-t-elle d'une voix décidée, à peine les présentations achevées.

Curieuse entrée en matière ! Louis la dévisagea, étonné, mais il se retint d'ironiser, touché malgré tout par son sourire naïf, ou peut-être malicieux, allez savoir ! Jeune – moins de trente ans en tout cas –, menue, visage de bébé avec un grain de beauté bien placé au-dessus de la lèvre supérieure... Une crevette candide, se dit-il, mais qui ne manque pas d'aplomb. A coup sûr, elle avait été choisie par son rédacteur en chef pour son physique susceptible de décrocher une interview croustillante de l'auteur controversé de *La Malédiction mammifère*. Avait-elle seulement lu son livre avant de venir l'interroger ? Perfidement, il lui retourna sa question :

— Le sexe ? Lequel ? Tout dépend de ce que vous entendez par là. Le genre ? L'organe ? L'acte sexuel ? La procréation ? Le plaisir ? Le désir ?

Désarçonnée, la crevette se tortilla sur son siège, ajusta une nouvelle fois son micro pour se donner une contenance.

— Ben... Je veux dire... tout. Tout ce qui concerne le sexe.

— Vous ne croyez pas si bien dire, répondit Louis en mettant fin à son supplice. Le sexe, c'est tout en effet. Absolument tout ! Tout tourne autour, tout y revient. Que nous l'admettions ou non, il influence nos comportements, nos jugements, notre vision du monde. Par exemple, quand je suis entré dans cette pièce, je me suis dit : Tiens, pour une fois, j'ai de la chance, c'est une jolie, celle-là... et la corvée de l'interview s'est transformée dans mon esprit en une rencontre agréable.

Etait-ce l'influence de Miléna ? Il avait envie d'être direct tout à coup. Au diable les conventions ! Mais il y allait peut-être un peu fort. Il se reprit :

— De quoi s'agit-il en réalité ? Toujours de la même chose : une pulsion à laquelle nous obéissons et qui échappe en partie à notre volonté.

— Vous affirmez en effet dans votre livre que nous sommes sous l'emprise de ce que vous appelez « la pulsion mammifère », celle qui pousse les mâles à... euh... pénétrer les femelles. N'est-ce pas une vision un peu... biologique de l'espèce humaine ? Nous ne dépendons quand même plus de nos pulsions comme les animaux !

Surprise. Elle plaçait le débat au bon niveau.

— Non, nous ne sommes pas des bonobos (la journaliste sourit poliment) ! Le propre de notre espèce, c'est justement le déracinement, l'arrachement à la nature. Mais qu'on le veuille ou non, notre sexualité relève toujours des mammifères : le mâle pénètre la femelle en effectuant un mouvement saccadé pour expulser ses spermatozoïdes – jusqu'à l'invention de la fécondation *in vitro*, nous ne connaissions pas d'autres méthodes.

— Nous, nous le faisons pour... le plaisir, et pas seulement pour procréer, glissa la jeune femme en esquissant un sourire gêné.

— A l'origine, le plaisir, c'est l'appât, une ruse de l'évolution qui incite les mammifères à procréer à certains moments favorables pour perpétuer l'espèce. Chez nous, les humains, le désir est permanent. C'est ce qui nous a fait progresser : comme ils ne pouvaient sauter les uns sur les autres en continuation, nos ancêtres Homo sapiens ont bien été obligés de réfréner leur pulsion, de la transcender en somme. Ils ont mis le corps convoité à distance, ils l'ont magnifié, érotisé... Le sentiment amoureux est sans doute né de ce désir contenu et pacifié. Peut-être aussi l'art, la culture... En quelque sorte, nous sommes les enfants du désir.

— Pour le meilleur et pour le pire, écrivez-vous.

Louis apprécia. Elle avait vraiment lu son livre.

— Oui. Le meilleur, c'est l'attirance de deux êtres l'un pour l'autre, la magie de la rencontre. Il n'y a rien de plus beau que l'aimantation du désir. En accouplant nos corps, nous voulons ne faire qu'un avec l'autre, nous recherchons l'unité originelle, l'abolition de la différence des sexes. C'est un acte de complétude, un merveilleux moment d'oubli de soi.

— Et le pire ?

— C'est le désir sans douceur, la pénétration utilisée comme une arme pour asservir. Depuis les origines, c'est ce qui fonde la domination des forts sur les faibles, des maîtres sur les esclaves. Les nobles de la Rome antique affirmaient ainsi leur pouvoir sur leurs serviteurs, filles ou garçons, dont ils disposaient comme ils le voulaient ; de tous temps, les soldats ont pratiqué le viol pour inscrire leur suprématie dans la chair des vaincus ; aujourd'hui encore, les marchands de sexe violent systématiquement leurs jeunes proies pour en faire des prostituées soumises… Tant d'hommes dans le monde assujettissent les femmes de cette manière… Voilà. Le sexe est libération. Il est aussi oppression. C'est tout ce que je veux dire.

— Que répondez-vous à ceux qui vous accusent de noircir le tableau, de tenir un propos un peu… euh… caricatural ?

Louis éleva la voix :

— Mais qu'ils ouvrent les yeux ! Qu'ils regardent notre planète ! Ils ne voient donc pas comment le sexe rend les hommes enragés ?

Voilà déjà qu'il s'emportait ! Caricatural ! Il se rendit soudain compte qu'il lui était impossible de parler de tout cela avec sérénité. Pourquoi fallait-il une fois encore justifier les arguments qu'il avait déjà eu tant de mal à exposer dans son livre ? Caricatural aussi, ce couple de médecins qu'il avait croisé un soir, lors de sa dernière expédition en Afrique ? Il revoyait leurs traits creusés par la fatigue, leurs yeux cernés, il les entendait encore raconter dans un murmure : les hommes armés de machettes surgissant la nuit dans les villages pour violer garçons et filles ; les petites, au sexe transpercé, jetées dans les fossés ; les mères éventrées, leurs fœtus démembrés ; des milliers de corps systématiquement mutilés, et toujours, toujours marqués sexuellement… Caricatural, cette très jeune fille – avait-elle seulement dix ans ? – qu'il avait rencontrée dans les baraquements d'une ONG ? Son traducteur avait relaté son histoire en la qualifiant de « banale » : excisée par les femmes du village, violée par son oncle, vendue à un voisin, elle s'était enfuie dans la brousse, avait erré, seule, pendant des jours et des jours avant d'être recueillie par miracle par l'organisation internationale. On l'avait vue arriver au campement en titubant, le corps décharné, le visage creusé, une silhouette sans épaisseur comme celles des rescapés des camps nazis. Caricatural ? C'était cela la réalité, s'était dit Louis : les splendides gravures pariétales, fines représentations de couples enlacés qu'il avait admirées dans les grottes du désert, si émouvantes, si sensibles… et à quelques kilomètres de là, des restes humains méconnaissables cristallisés dans le sable, l'odeur de la chair brûlée, les charniers, les restes des corps de femmes suppliciées. Les deux faces du désir de l'homme…

— Au XXI$^{e}$ siècle, reprit-il en s'efforçant de ne pas élever la voix, on tue encore des femmes parce que leur sang ne coule pas lors de leur nuit de noces, parce qu'elles ont osé un regard sur un autre homme, parce qu'une mèche de cheveux dépasse de leur voile, parce que leur mari en est lassé. On les tue pour « l'honneur » – l'honneur des mâles, bien sûr ! – en invoquant Dieu, la bouche pleine de mots pieux. On les tue parce qu'elles sont femmes ! Parfois, on les brûle vivantes, on leur jette de l'acide au visage, on les enterre à mi-corps pour leur lancer des pierres, on les viole à répétition pour les briser à jamais, et on vend des petites filles certifiées « vierges » sur les marchés de la prostitution. C'est de la caricature ? Et ne me dites pas que cela relève de la croyance, de la tradition ou de la politique ! Ce dont il est question dans cette histoire, c'est de sexe ! De l'acharnement inouï des hommes à se vider dans le corps des femmes !

— Les femmes ne seraient donc que des victimes ? glissa courageusement la journaliste.

— Hélas non ! fit Louis. Elles contribuent elles aussi à cette violence. Ce sont les mères qui apprennent la soumission à leurs filles et les forcent à se plier à la brutalité des hommes, les mères qui les attachent, jambes écartées, et leur mutilent le sexe avec une lame de rasoir, les mères qui refusent de les faire éduquer. Et ce sont souvent des femmes qui dirigent les bordels d'esclaves sexuelles... Au nom de la sacro-sainte pulsion mâle ! Au nom du désir sexuel masculin que l'on dit « irrépressible », ce qui permet de justifier que l'on transforme les femmes en poubelles !

La journaliste se tortilla une nouvelle fois, troublée par tant de virulence. Louis s'apaisa :

— Ce que j'essaie d'expliquer, c'est qu'aujourd'hui la pulsion mammifère reprend, si j'ose dire, du poil de la bête.

— Pas partout, quand même, objecta la journaliste. Vous le racontez d'ailleurs dans votre livre, en Occident, on a mené un long combat au fil des siècles pour obtenir la liberté d'aimer à sa guise.

— « Ne commencez jamais le mariage par un viol », conseillait Balzac aux maris, il n'y a pas si longtemps. Ce qui signifie que cela n'allait pas de soi. Méfiez-vous : le droit à l'amour et au plaisir est une conquête récente et fragile ! Ne croyez pas qu'il soit définitivement acquis. Chez nous aussi, on tend à réhabiliter le modèle du mâle dominateur. Regardez la pornographie ! Sous prétexte de libération des mœurs, on en fait maintenant un art ménager respectable. Le porno serait, dit-on, l'expression de la liberté sexuelle ! Allons donc ! C'est celle du machisme le plus réactionnaire, une parodie de la jouissance masculine, une simulation ridicule du plaisir féminin, la manifestation primitive de la pulsion mammifère ! Certains jeunes garçons, nourris de films X ou hypnotisés par les injonctions religieuses prétendument vertueuses, sont obsédés par la pénétration et ils font l'amour comme s'ils devaient procréer ! Une deux, une deux. Comme à l'armée ! En bons mammifères…

Cette fois, la journaliste afficha ostensiblement une moue dubitative. Elle semblait vraiment choquée par ses propos.

— Je simplifie, bien sûr… corrigea Louis. Mais on n'imagine pas à quel point, dans l'intimité, on adopte encore des comportements stéréotypés. Lisez les manuels d'éducation sexuelle, on y parle toujours de « préliminaires », comme s'il fallait préparer la bête avant la seule chose essentielle de leur point de vue : les saccades libératoires du mâle. Au mieux, on indique brièvement que le plaisir des femmes se joue ailleurs. Je peux détailler si vous le voulez…

— Je crois avoir compris… Mais les jeunes d'aujourd'hui ont une sexualité libre et égalitaire. Ce sont même souvent les filles qui prennent l'initiative.

Tiens, voilà qu'elle sortait de sa réserve. Parlait-elle en connaissance de cause ? Elle est bien jeune, se dit Louis, pour que son opinion en la matière soit fondée… Il se détendit :

— Qu'en savons-nous ? Qui peut raconter ce qui se passe vraiment dans les chambres à coucher ? Le sexe est omniprésent dans les images, les écrits, les discours, et nous feignons de le considérer comme un geste anodin et léger. Pourtant personne ne dit la vérité dans ce domaine. Espérons qu'avec l'âge on apprend la diversité des désirs, le plaisir partagé, et admettons que l'égalité règne sous nos draps... Je vous le souhaite en tout cas... Mais ne me dites pas que la condition des femmes a partout progressé ! Non ! Chez nous aussi, il y a des hommes qui exercent une véritable tyrannie sexuelle envers les femmes et les traitent avec violence. Même dans nos milieux favorisés où on s'envoie en l'air en toute liberté, certains vieux clichés sont remis au goût du jour. Il suffit de feuilleter les magazines pour adolescentes : au nom de la modernité, on promeut le modèle de la femme-objet, soumise et toujours sexuellement disponible !

La journaliste se redressa, ajusta sa jupe, ne sachant si la remarque s'adressait directement à elle.

— Euh...

Elle hésita une fraction de seconde et se lança :

— Eh bien... C'est un peu personnel... Votre théorie... Est-elle le résultat de votre propre expérience ? Je veux dire : qu'est-ce qui vous a suggéré tout cela ?

Louis hocha la tête. Il s'attendait à la question.

— Bien joué. Mais je ne veux pas parler de ma vie privée.

La journaliste s'agitait maintenant sur son fauteuil, ne sachant pas comment mettre fin à l'entretien.

— Vous me trouvez excessif, hein ? Je le suis, reprit

Louis. Je ne cherche pas à vous choquer. Mais je ne supporte plus tous ces discours convenus qui, sous prétexte de liberté sexuelle, propagent des idées archaïques. Ne vous méprenez pas sur mes propos. Le désir, c'est en effet le meilleur et le pire. Comme l'amour. Parfois, il nous maintient en vie. Parfois, il nous tue…

Sa voix, soudain, se voila. Il s'interrompit, saisi par une bouffée d'émotion. Il se leva rapidement pour ne pas montrer son trouble.

— Je ne suis pas du genre optimiste, je sais, conclut-il en lui serrant la main. Mais il n'y a pas plus emmerdant qu'un optimiste !

Etait-ce la fatigue du deuxième jour qui pesait déjà sur les participants ? Le stand de Miléna qu'il regagna était des plus calmes, et les auteurs, assagis. La jeune romancière, mini-jupe noire encore plus courte que la veille, avait entamé un dialogue avec un visiteur très intéressé par son décolleté. L'historien solitaire, lui, s'était résolu à lire le livre de son voisin et semblait se désintéresser de tout ce qui se passait autour de lui. Quant à Gringoire, à moitié couché sur la table et volubile comme d'habitude, il déclamait *Hamlet* à une lectrice visiblement subjuguée.

— Comment c'était ? demanda Miléna en le voyant arriver.

— J'ai été abominable, raconta Louis en s'asseyant devant sa pile de livres. Je n'ai pas cessé de débiter des horreurs. Mais la journaliste avait de longues jambes… En tout cas, elle a supporté mes emportements sans broncher.

— On ne fait pas dans la dentelle avec toi, dis donc…

— « Un roi n'est plus qu'un mendiant une fois la pièce jouée ! » intervint Gringoire avec un sourire malicieux.

La voix grave et mélodieuse du comédien suscita une fois encore l'admiration de Miléna. Debout devant ses livres, l'homme semblait plus massif que jamais. Loin de le desservir, son embonpoint lui donnait de l'allure. C'était Orson Welles en peine déclamation, un Falstaff tonitruant et débordant d'emphase. Mais, Miléna le devinait, la grandiloquence qu'il donnait à son personnage était un leurre. Parfois, son corps vacillait, et il s'asseyait, essoufflé, saisi par un malaise. Dans le milieu, on chuchotait qu'il vivait seul depuis la mort de son compagnon et qu'il était lui aussi atteint du même mal contre lequel il se battait en secret et dont il ne parlait jamais. Miléna ne pouvait s'empêcher d'être attendrie par ce géant qui combattait, solitaire, pour conserver sa dignité.

— La littérature est un beau foutoir, vous ne trouvez pas ? souffla-t-il à Miléna. Elle est là, la comédie humaine. Pas besoin de chercher plus loin. Un auteur est un être narcissique. Il n'a qu'une ambition : être aimé ! Qu'on l'admire et qu'on l'aime ! Celui qui vous dit le contraire n'est qu'un fieffé menteur.

— Mais n'est-ce pas ce que nous voulons tous, après tout ? répondit Miléna.

Gringoire rapprocha son torse corpulent.

— « L'amour ? La folie la plus sage, le fiel qui nous étouffe, la douceur qui nous sauve. » *Roméo*, acte I, scène I.

Et il se pencha sur Miléna, en baissant la voix :

— Profitez-en ! Maintenant, tout de suite ! N'attendez pas que les feux de la rampe s'éteignent. Je peux vous le dire puisque je suis un vieux délabré : vous êtes belle, lumineuse. N'attendez pas !

Il posa sa main sur l'avant-bras de Miléna dans un geste paternel et rassurant. Miléna crut voir qu'il avait les yeux humides.

— Merci, murmura-t-elle. Je vous suis reconnaissante d'être là. Vraiment. Merci.

Et elle lui prit à son tour le bras avec affection.

— Je vous laisse, fit-elle, en adressant un geste de la tête à Louis.

— Faites attention aux mammifères, ils sont rusés, ajouta Charles Gringoire, à qui décidément rien n'échappait.

— Ne craignez rien, sourit-elle. Je connais celui-là depuis qu'il est tout petit. Je l'ai apprivoisé.

Et elle tapota la tête de Louis en signe d'affection.

# 6

Le ronronnement métallique des climatiseurs, qui l'avait tant dérangée dans les premières semaines de son installation à Manhattan, lui était désormais indispensable. Miléna avait besoin de s'envelopper dans ce cocon sonore qui estompait les sons irréguliers de l'extérieur, couvrant partiellement le bruit de la circulation sur la Troisième Avenue. Seules les sirènes aiguës des voitures de police et de pompiers parvenaient à percer sa protection.

De la baie vitrée du salon, au treizième étage de l'immeuble, elle pouvait apercevoir, par-delà les toits des *brownstones*, le sommet des plus hautes tours du quartier des affaires qui émergeaient au sud, là où travaillait Tom. En bas, les arbres de la 9^e^ Rue déployaient encore tout leur feuillage, et la rue lui paraissait plus large. Elle contemplait ces fourmis agitées qui se croisaient sur le trottoir en évitant de se frôler, la file ininterrompue de voitures et de taxis jaunes bloquée depuis le carrefour… Tous ces gens suivaient leur trajectoire, « leur destin », aurait dit sa mère, comme s'il y avait pour chacun une feuille de route, là-haut, dans le grand livre des humains.

« C'était écrit », répète Jacques le Fataliste à son maître, en lui faisant le récit de ses amours. C'était écrit ? Vraiment ? En réalité, se disait Miléna, Jacques est un personnage rusé et bien peu fataliste, qui justifie *a posteriori* ses malices en prétendant ne pas en être responsable. Le destin est une excuse bien commode à nos petits travers. N'en sommes-nous pas en réalité les maîtres ? Et si notre vie n'était pas ce cheminement aveugle dans un labyrinthe sans fin, comme on se plaît à y croire ? C'est pourtant bien nous, se disait encore Miléna, qui choisissons d'emprunter telle ou telle voie, mais, c'est vrai, nous ne savons jamais où elle nous conduira. Certains tombaient sur les bons sentiers, d'autres s'embourbaient dans des marécages ou, plus souvent, se perdaient dans un voyage interminable dont ils ne voyaient pas la fin.

Miléna se jugeait bien moins rusée que le Jacques de Diderot. Ballottée au gré des rencontres, réduite à des choix de circonstance, elle avait l'impression d'avoir simplement réagi au hasard, sans prendre vraiment de décision. Paris, Sciences-Po, l'Océan, les Caraïbes, New York… Tout cela n'avait pas de sens, pas de fil conducteur. Elle avait pris ici le chemin de droite, là celui de gauche, comme un enfant perdu dans la forêt. Ou plutôt, elle s'était laissé entraîner par des volontés plus fermes que la sienne, tirée par la main, sans opposer de résistance. A moins qu'elle ne soit allée, inconsciemment mais inévitablement, vers le pire, là où cela faisait le plus mal, là où elle avait le plus peur. L'idée de ne pas avoir su maîtriser sa vie, qui s'imposait de plus en plus à elle, la remplissait de tristesse. Elle ne savait pas pourquoi ces pensées la rendaient amère. Il aurait fallu plonger en elle-même, comme ces scientifiques polaires qui enfoncent leur sonde dans la calotte glaciaire. Dieu sait ce qu'elle pourrait ramener des profondeurs ! Non, il valait mieux ne pas tenter l'expérience.

A son arrivée pourtant, trois ans auparavant – trois ans, une éternité ! –, elle avait décidé d'être volontaire et enthousiaste. Décidé, oui, tel était le mot. C'était une résolution qu'elle avait prise avec fermeté, une promesse qu'elle s'était encore répétée le jour de son mariage avec Tom. « C'est ma vie, maman ! » avait-elle hurlé au terme d'une discussion enflammée au téléphone entre New York et Paris. Pauvre idiote qu'elle était, convaincue de son bon droit, fière de sa déclaration d'indépendance (indépendance, quelle ironie !), persuadée qu'elle ne faisait pas comme sa mère. Non, elle, elle ne se trompait pas. Elle, elle avait trouvé l'amour, le vrai. Elle en était sûre, certaine, et d'ailleurs, maman, comment peux-tu le juger ? Tu ne le connais pas, tu ne le comprends pas…

Et puis, il y avait New York… Quelle chance, quel privilège ! Elle aussi, elle allait croquer la pomme à pleines dents, boire à la source d'énergie et de modernité. Elle avait tout de suite eu envie d'en être, de prendre sa part du mythe, de suivre le rythme, et d'en porter les symboles : marcher rapidement sur les trottoirs en sirotant un gobelet de café, envoyer des e-mails du Starbucks du coin, acheter des plats préparés au traiteur en sortant du théâtre, regarder les shows politiques à la télé le dimanche matin, ou passer des heures délicieuses dans un fauteuil de St. Mark's Bookshop, la librairie du carrefour ouverte tous les jours jusqu'à minuit – un pays où on pouvait acheter ou simplement lire des livres aussi tard ne pouvait pas être vraiment mauvais… Elle savait qu'elle était privilégiée, qu'elle ne voyait que la partie la plus agréable de la ville, et que celle-ci était impitoyable pour ceux qui restaient à l'écart. Mais elle était à New York, et elle en profitait. Parfois, quand elle faisait son jogging à Central Park, elle pensait à Louis, à Miss Liberty, à leur rêve d'Amérique, mais elle s'efforçait vite de chasser cette pensée qui la rendait triste. Tout cela était de l'histoire ancienne, il valait mieux l'oublier.

Finalement, elle s'était habituée au bruit continu, à la respiration puissante et ininterrompue de la ville. Pour s'intégrer, il fallait simplement jouer le jeu, suivre le rythme et participer de bonne grâce à la frénésie quotidienne. Emprunter le trottoir roulant et courir comme tout le monde. S'arrêter, c'était tomber. On ne pouvait qu'accepter la fébrilité obligatoire pour pouvoir prétendre à l'utopie collective. Alors seulement on y gagnait son identité. Se sentir new-yorkais, c'était cultiver l'illusion qu'ici on pouvait repartir de zéro, que chacun avait sa chance, credo que partageaient aussi bien les nouveaux requins de la finance que les chauffeurs de taxi pakistanais avec lesquels elle avait parfois de brèves conversations nostalgiques.

Tom semblait ne pas goûter à cette utopie. Pour lui, celle-ci allait tout simplement de soi, à moins qu'elle n'ait aucun sens à ses yeux, ce que Miléna ne pouvait savoir. New-Yorkais, il était né. New-Yorkais, il était. Son mari était un natif, ce qui lui permettait de faire l'économie du mythe. Il avait repris son travail avec une foi placide qu'il n'arrivait cependant pas à communiquer à Miléna. Celle-ci avait même renoncé à comprendre quelle était la nature exacte de son activité. Elle savait qu'il servait d'intermédiaire entre les investisseurs et les banques, et travaillait en marge de la Bourse, surfant sur les vagues des cours sans y être directement associé. Il lui avait expliqué cent fois la nature de ses relations avec les clients de la finance, mais cent fois elle avait renoncé. Elle n'éprouvait aucun mépris pour son métier, sachant de surcroît qu'il gagnait très confortablement sa vie, mais elle n'y accordait pas non plus d'intérêt. Au fil des semaines, ils en étaient venus à un accord tacite : il lui parlait peu de son travail pour ne pas l'ennuyer ; elle ne lui posait pas de questions à ce sujet pour ne pas le décevoir. Leurs échanges étaient donc devenus assez fades, se limitant principalement aux questions pratiques de la vie quotidienne, aux caprices du temps, aux projets de week-ends et de vacances. Quand ils se risquaient à confronter leurs appréciations sur un spectacle ou, pire, sur les événements politiques, Miléna capitulait rapidement. Elle n'était généralement pas d'accord avec l'opinion que Tom affirmait sur un ton péremptoire et sans nuances, mais plutôt que de s'y opposer, elle infléchissait sa propre position, adoucissait ses formules, et finissait par lui accorder crédit. Oui, tu as sans doute raison ; on peut effectivement voir les choses ainsi ; je n'avais pas pensé à cet aspect des choses…

Par complaisance envers elle-même, elle prenait sa lâcheté pour de l'ouverture d'esprit, sa naïveté pour de la gentillesse. En réalité, elle ne voulait surtout pas voir le fossé qui la séparait de Tom. Elle cultivait obstinément l'idée d'un couple paisible et harmonieux. Et pendant les quelques moments de doute qu'elle ne parvenait pas à refouler, elle retournait radicalement son narcissisme du côté sombre, s'en prenait à elle-même, s'accusant d'être toujours insatisfaite, ingrate, difficile à vivre. Elle plongeait alors dans une langueur dépressive qui pouvait durer plusieurs jours, ruminant à l'infini sa propre médiocrité jusqu'à se persuader que la personne insignifiante qu'elle était avait bien de la chance d'avoir une vie aussi douce.

Au fil des mois, son attrait premier pour New York avait fait place à une forme de résignation. Elle était triste, mais refusait de l'admettre, se forçant à sourire comme il le fallait quand ils recevaient des amis – exclusivement des relations de Tom –, lançant nombre de rires calculés, feignant de se passionner pour les propos les plus insignifiants, demandant des nouvelles des enfants d'une invitée comme si sa vie en dépendait. Bref, elle pratiquait l'emphase avec talent, comme dans un jeu de rôle dans lequel elle interprétait la jeune femme libre et heureuse. Elle n'était pas dupe. Mais qui ne se composait pas un personnage dans la bonne société ?

Elle avait bien essayé de se faire quelques amies, mais celles-ci n'avaient pas réussi l'examen auprès de Tom – pas du même milieu, pas les mêmes idées –, et elle s'était découragée. Les seules « connaissances » qu'elle voyait régulièrement faisaient partie de la famille de Tom. Les dîners chez les parents de celui-ci, dans leur appartement de l'*Upper East Side* bourré de bibelots accumulés au fil des voyages et des croisières étaient pour elle une épreuve. On n'échappait jamais à une critique acide de l'entreprise Amérique, « si mal gouvernée par ces corrompus de Washington », « si inconséquente dans les affaires du monde », « si impuissante à régler ses problèmes intérieurs ». M. O'Malley, le père de Tom, homme d'affaires à la retraite – Miléna avait cru comprendre qu'il avait dirigé une compagnie d'assurances avant d'occuper un poste important au sein d'une multinationale pétrolière –, dénonçait les privilèges des grands patrons de la finance, après avoir pourtant collaboré au plus près avec les gens qu'il fustigeait aujourd'hui. Mais il s'en prenait surtout à l'Etat fédéral, accusé de tous les maux, et Miléna voyait bien que, malgré ses rodomontades, l'homme avait gardé les vieux réflexes de son Middle West natal où l'on vouait une haine farouche à toutes ces « lopettes de démocrates », et qu'il fréquentait les clubs républicains les plus intégristes.

Miléna ne supportait pas l'arrogance méprisante de ces donneurs de leçons, leur hypocrisie morale, leurs officines vertueuses et leurs ligues puritaines où les belles dames et les beaux messieurs si croyants s'indignaient à la vue d'une petite culotte pour mieux s'en délecter. C'étaient eux, ces obsédés, qui avaient tendu un piège à Bill Clinton et tenté de le faire destituer au terme d'une traque maladive de la sexualité. Mais, bien sûr, il n'était pas question d'en parler. A chaque rendez-vous chez les parents de Tom, elle s'efforçait de ne pas se laisser embarquer dans une discussion où l'un de ces sujets brûlants, politique ou religieux, pouvait être abordé. Elle faisait donc comme avec son mari, répondait de manière évasive, esquivait les récifs, et finissait par approuver des opinions contraires aux siennes au nom de la paix des familles, imitée dans cette attitude par la mère de Tom, femme passée maître elle aussi dans l'art d'arrondir les angles. Heureusement, les O'Malley habitaient à proximité de Central Park, et Miléna s'arrangeait toujours pour écourter l'après-midi, suggérant une promenade du côté du musée et sachant que ses beaux-parents refusaient la plupart du temps de l'accompagner.

Le reste des journées s'évaporait sans saveur. Miléna avait épuisé les plaisirs traditionnels de la ville, innombrables visites au MoMa, au Guggenheim, déambulations dans Soho et TriBeCa, shopping sur la Cinquième Avenue. Elle avait sillonné à pied Manhattan d'est en ouest, du sud au nord, remontant chaque avenue, repérant les restaurants, les cafés, les curiosités, visitant chaque jardin. L'après-midi, elle se rendait à Washington Square, à quelques blocs de chez elle, où se trouvait la bibliothèque de l'université, afin de préparer une thèse hypothétique à laquelle elle croyait de moins en moins. Elle prenait place dans la grande salle silencieuse, regardait les étudiants, pour la plupart plus jeunes qu'elle, et rêvassait en leur inventant des destins.

Treize étages plus bas, les klaxons des taxis, bloqués par un énorme camion qui déchargeait des sacs de gravier, redoublaient. La ville était un chantier permanent. Il y avait partout des ouvriers en activité, des marteaux-piqueurs déchaînés, parfois même en pleine nuit quand les entrepreneurs voulaient rattraper leur retard. La ville qui ne dort jamais… Elle regardait la rue sans la voir. Miléna à sa fenêtre. Miléna et ses états d'âme. Miléna n'importe quoi. Miléna la couarde. Miléna la nulle. « La jeune fille que tu étais serait-elle fière de la femme que tu es devenue ? » Silence, jeune fille. Elle évitait farouchement de se poser les bonnes questions. Surtout, ne pas descendre la sonde… Miléna la menteuse. Miléna la fausse. Dès qu'elle commençait à s'interroger, elle sentait une boule gonfler dans sa poitrine et rebroussait immédiatement chemin, s'accusant une fois encore d'être tentée par la mélancolie et l'insatisfaction, se cachant derrière un rideau opaque pour se préserver de la vérité. Elle se disait qu'il était après tout très difficile de connaître ses propres sentiments, qu'on pouvait aussi les infléchir, les cultiver, les contrôler. Depuis qu'elle s'était installée avec Tom, elle s'était demandé si elle l'aimait vraiment. Mais, se disait-elle, comment savoir quand on aime ? Qu'est-ce que l'amour vrai ? Il n'y a pas d'instrument de mesure pour les sentiments, personne ne nous apprend à les identifier. Tom était gentil avec elle, prévenant, calme… Elle n'avait pas le droit de se sentir à ce point insatisfaite.

Le malaise revenait. Quand elle tentait d'analyser ce qu'elle éprouvait, elle en concluait qu'elle éprouvait de l'affection pour lui – était-ce ce que l'on appelle « amour » ? Que demandait-elle de plus ? Au terme de ses réflexions, elle finissait toujours par s'en vouloir de douter ainsi, elle se reprochait son narcissisme, son incapacité au bonheur, son ingratitude. C'était elle qui posait problème. Pas lui ! Tom, lui, faisait tout ce qu'il pouvait pour la rendre heureuse. Au lieu de languir, elle ferait mieux d'affronter ses propres insuffisances et de se féliciter d'être tombée sur un être aussi compréhensif et dévoué. Qu'avait-elle espéré ? La passion, comme dans les romans ? L'amour fou, celui qui obsède, ronge, emporte tout ?

Non, ce n'était qu'un mythe, une illusion qu'elle avait cultivée autrefois avec Louis, au temps où elle était ignorante, mais qui n'était que le fruit de sa naïveté d'adolescence. Si une telle chose existait, elle ne pouvait de toute façon qu'être destructrice – le sort d'Ariane de *Belle du Seigneur*, son roman préféré, n'était certes pas enviable. Oui, il fallait fuir la passion à toutes jambes, c'était ce que lui dictait la raison. Et pourtant... Pourtant... Une fois dans sa vie, être Ariane, attendant son amour « sur le seuil et sous les roses »...

Elle n'éprouvait pas un immense désir pour Tom, mais était-ce si important ? Elle avait quelques difficultés à partager son intimité. Les premiers jours de vie commune avaient été perturbants. Sa manière de se déshabiller, les bruits qu'il faisait dans la salle de bains sans chercher à les atténuer, ses raclements de gorge... Elle n'avait pas osé lui dire, pour ne pas passer pour une pimbêche, mais plusieurs mois plus tard, elle en était toujours choquée. Parfois, elle se bouchait les oreilles pour ne pas l'entendre s'agiter. Elle aurait aimé plus de discrétion. Mais après tout, ils vivaient ensemble. Alors qu'il avait pris l'habitude de déambuler dans l'appartement à peine vêtu, elle restait, elle, attentive à ne pas dévoiler son intimité, fermant soigneusement la porte de la salle de bains et des WC, se retirant pour se maquiller ou se démaquiller. Elle détestait ce manque de pudeur stupéfiante dont faisaient parfois preuve les Américains, et n'avait jamais compris comment un peuple civilisé pouvait accepter des toilettes publiques aux portes incomplètes qui ne permettaient pas de s'isoler vraiment. Elle avait toujours détesté la grossièreté insolente des nudistes qui voulaient imposer la vision de leurs replis au monde entier. Le corps triomphalement exposé ! Quelle horreur ! Au diable, les disciples de l'hygiénisme ! L'élégance, c'est le contraire du naturel, se répétait-elle. L'élégance exige la subtilité, l'apprêt, de longues heures passées à rectifier les petites imperfections. Il faut rester digne en toutes circonstances. Et cela passe par le secret du corps.

Tout cela, elle ne l'avait jamais avoué à Tom, et faisait semblant de s'accommoder de ses habitudes. Mais elle ne supportait pas son sans-gêne qui, pensée qu'elle refoulait immédiatement, la menait petit à petit vers le dégoût.

Quant au sexe… Là encore, là surtout, Miléna s'efforçait de ne pas y penser. Longtemps, elle avait été tendue quand elle sentait la peau de l'autre contre la sienne. Heureusement, il n'était pas brutal ni très gourmand. Quand il se collait contre elle certains soirs, après quelques caresses qu'il s'efforçait de ne pas rendre routinières, elle fermait toujours les yeux. Si elle criait, c'était d'abord sous la pression de ce corps qui prenait son rythme. Elle ressentait de la chaleur et un plaisir contenu, et cela lui suffisait. Elle ne croyait pas qu'il pût en être autrement. Lui aussi, il semblait se satisfaire de son exercice, poussait un profond soupir au moment libérateur et faisait ensuite preuve de tendresse, lui disant qu'il l'aimait. Parfois, quand elle était réticente à l'accueillir en elle, elle prenait l'initiative en effectuant sur lui les mouvements précis qu'il lui avait indiqués une nuit d'audace. Elle avait l'impression de faire son devoir et une bonne action, comme si elle l'allégeait d'un fardeau trop lourd. A ces moments-là, elle ressentait une compassion presque maternelle pour ce corps qu'il fallait soulager. A mesure que les mois passaient et que leurs relations se faisaient moins fréquentes, elle préférait cette forme d'arrangement qui lui évitait d'être envahie dans sa chair.

Mais, elle devait se l'avouer, ce corps, ce grand corps qui occupait le même espace qu'elle, la dérangeait de plus en plus. En réalité, il l'avait toujours incommodée. Elle aspirait à se trouver seule dans l'appartement, libérée de cette présence encombrante. Quand il était là, ce corps, il prenait toute la place, comme si son enveloppe gonflait comme une baudruche, envahissant chaque pièce, s'imposant dans chaque recoin, imprégnant l'air de son odeur, remplissant chaque volume de ses paroles et de ses mouvements. Ce corps balourd, pesant, présent, trop présent. Ce bruit irritant qu'il faisait en se déplaçant sur le parquet. Ces mots inutiles qui s'échappaient de sa bouche. Ces gestes gauches qu'il effectuait mécaniquement… Miléna éprouvait une réticence physique croissante envers cette invasion masculine. Et quand Tom survenait, elle avait l'impression que son propre espace vital se rétrécissait, elle se recroquevillait sur un fauteuil, passive, docile comme un animal domestique. « Je t'aime », disait-il en ouvrant les barquettes de poulet tandoori achetées chez le traiteur de la Troisième Avenue. « Je t'aime », répondait-elle sans le regarder. Et elle se le répétait comme pour apprendre une leçon, « je l'aime, oui, je l'aime, je l'aime… je l'aime ? ». Elle butait sur ce point d'interrogation qu'elle ajoutait inconsciemment. Attention, danger ! Au-delà de cette limite, vous sortez du jeu, mademoiselle. Votre ticket pour ce mariage ne sera plus valable, vous entrez en terrain inconnu.

Miléna à sa fenêtre, appuyée sur le climatiseur, les yeux vides, qui fixe les gratte-ciel sans les voir. Miléna au regard hagard, perdue à l'intérieur d'elle-même. Miléna qui frissonne dans un studio à Paris et ferme les yeux, pour oublier, au bord de la nausée. Miléna qui tangue sur un bateau, la tête à la dérive. Miléna noyée dans le ciel pourtant si bleu de Manhattan où, aujourd'hui, l'été s'attardait. Bleu, limpide comme l'Océan disparu, comme la crique aux tortues, bleu comme la vérité qui la submerge. Miléna avançant dans l'eau froide et songeant à Virginia Woolf, résolue, bouleversante, libérée. Miléna, qui pleure enfin, et pleure, et pleure, et pleure.

Ce soir, elle l'inviterait au restaurant. Il protesterait, prétexterait la fatigue de la journée, la semaine de travail qu'il venait tout juste d'entamer, proposerait de remettre la sortie au samedi où ils auraient plus de temps, mais elle insisterait, affirmant que tout était prêt, la table réservée à l'Aquavit, ce fameux restaurant suédois hors de prix, en sous-sol d'un immeuble de la 52e Rue, où ils se rendaient souvent autrefois, dirait qu'elle y tenait beaucoup, qu'elle en avait très envie. Il s'étonnerait, chercherait un hypothétique anniversaire qu'il aurait oublié, s'inquiéterait peut-être de son état de santé, s'interrogerait une fois encore sur la raison de cette initiative inattendue. Mais il céderait devant sa détermination, se changerait sans doute, mettrait une veste moins chaude, une chemise plus décontractée. Ils trouveraient un taxi sur la Troisième Avenue, et elle lui promettrait en chemin qu'ils ne reviendraient pas trop tard pour qu'il ne soit pas épuisé le lendemain matin. Elle serait gaie pendant le dîner, parlerait de New York, oui de New York, bonne idée, de la chance qu'elle avait de vivre dans la ville magique, de son émerveillement quand elle était arrivée ici, de toutes ces choses inouïes qu'elle avait pu découvrir grâce à lui, des gens du monde entier qui se croisaient dans cette merveilleuse utopie. Elle le remercierait pour tout cela, elle serait gaie, attentionnée, gentille. Mais elle ne lui dirait rien, pas encore. Elle voulait que cette soirée lui soit mémorable, qu'elle reste pour eux deux le symbole de leur vie commune, une belle page de leur vie. Ensuite, elle ferait l'amour avec lui, pour sceller le souvenir, comme un dernier devoir.

Elle ne l'informerait de sa décision que le lendemain, par écrit. Elle savait qu'elle n'aurait pas la force de lui expliquer de vive voix. Comment pourrait-il comprendre ce qu'elle-même avait eu tant de difficultés à réaliser ? Non, elle n'aurait pas la force de supporter sa stupéfaction, sa colère peut-être, ses supplications. Elle ne voulait pas courir le risque d'être tirée en arrière, de se laisser aller à la compassion. Alors, elle lui laisserait une lettre qu'il trouverait demain soir, à son retour. Elle, elle serait partie, disparue, évanouie. Envolée, la traîtresse ! Volatilisée, la menteuse !

Elle s'installa devant le petit secrétaire, prit une feuille de ce beau papier à lettres qu'elle aimait tant et dont le filigrane représentait la statue de la Liberté et se mit à écrire.

*Cher Louis…*

Elle leva brusquement son stylo, stupéfaite, et regarda ses doigts comme s'ils appartenaient à une étrangère. Sur la feuille, elle venait d'écrire… Louis ! Elle sentait son cœur battre à un rythme inhabituel et porta la main à sa poitrine. Envahie par une bouffée d'émotion intense, elle mit un moment avant de reprendre ses esprits. Louis… Est-ce cela qu'on appelle l'inconscient ? Une telle chose était-elle possible ? Le nom avait spontanément surgi de son cerveau… Mais il était inutile qu'elle se mente à elle-même : elle savait qu'il était là, tapi dans un recoin de ses neurones, qu'il avait toujours été là, que le visage d'adolescent, avec son sourire insolent, était inscrit en elle, et que, même si elle s'efforçait de le chasser de ses pensées, il revenait sans cesse à son insu. Louis… Oui, elle aimerait tant le revoir maintenant, lui parler comme autrefois, lui raconter sa vie, se confier enfin. Qui d'autre pourrait la comprendre ? Qui d'autre pourrait l'aider à voir clair en elle-même ?

Mais comment le joindre ? Louis avait déjà publié des livres, des essais sur l'anthropologie. Elle pourrait envoyer la lettre à son éditeur qui ferait suivre. Elle se rendait soudain compte qu'elle avait déjà pensé à tout cela. Il lui suffisait de s'exécuter.

Alors, elle reprit son stylo, et les phrases lui vinrent rapidement, spontanément, comme s'il s'agissait d'une conversation, une vieille conversation ininterrompue.

Quand elle eut fini, elle se leva et se mit à déambuler dans le salon comme si elle était ivre. Elle regarda le canapé que Tom et elle avaient acheté ensemble à leur arrivée, les luxueuses commodes, la petite statuette indienne qui trônait sur le buffet et qu'elle lui avait offerte. Elle porta son regard vers le couloir et le dressing, vers le placard où s'alignaient sagement toutes ses robes à la mode, soigneusement repassées, celui où étaient rassemblées ses chemises à lui, blanches, immaculées, blanches à fines rayures, blanches à liseré, bleu léger, jamais de couleur vive, ses costumes de chez Brooks Brothers, ses chaussures bien cirées. Chemin de droite ? Chemin de gauche ? Qu'était-il écrit là-haut pour elle maintenant ? Elle jeta de nouveau un regard dans la rue. Une jeune fille en vélo sillonnait sur le trottoir entre les sacs-poubelle, les cheveux au vent, l'allure légère, une jeune fille en mouvement, comme une invitation. Alors, elle s'installa à nouveau devant le petit secrétaire et commença sa seconde lettre en tremblant. Demain. Ce sera demain.

*Cher Louis,*

*Pourquoi t'écrire maintenant, après tant d'années ? Je ne saurais l'expliquer moi-même. Qui sait pourquoi nous agissons ou n'agissons pas ? On se retient, reportant indéfiniment ce que nous jugeons pourtant si important. J'ai pensé à toi quelquefois (souvent ?). J'ai perdu ta trace il y a bien longtemps, mais tu viens de revenir mystérieusement dans mes pensées. Pardonne-moi si je te parais impudique, mais je n'ai pas oublié ce que nous avons vécu tous les deux, et nos conversations me manquent.*

*Comme tu l'as compris en découvrant cette lettre, j'habite à Manhattan. Oui, Miss Liberty à New York, il fallait bien que cela soit, n'est-ce pas ? Bien sûr, je suis tombée amoureuse de cette ville, et je n'en reviens toujours pas d'en faire partie. Nous avions raison, il y a ici quelque chose qui nous dépasse et nous réconforte à la fois, une sorte d'évidence. J'ai tout de suite aimé cette sensation de déracinement, ce sentiment de n'appartenir à aucun monde, mais en même temps cette conviction de toucher à quelque chose de familier et d'être chez moi. Je me suis fondue dans New York avec délectation, j'ai contemplé chaque gratte-ciel, j'ai visité chaque quartier et j'ai accompli tous les gestes que se doit de faire une bonne New-Yorkaise. En ce moment, de mes fenêtres, je peux voir la flèche de l'Empire State Building, un petit morceau du Chrysler, et si je me porte de l'autre côté, vers le sud, les tours de Wall Street qui cachent notre statue de la Liberté. C'est mon paysage à moi, celui que je me suis prise à aimer.*

*Mais maintenant, une page va se tourner pour moi. La brave petite New-Yorkaise rentre en France. Je me demande quelle est ta vie, à toi, depuis ce moment, si lointain déjà, où tu t'es enfui vers la Californie. Je t'imagine la nuit en train d'écrire de nouveaux livres, débordant d'idées et de projets, et furieux de ne pas avoir le temps de tous les réaliser, avec, peut-être, un chat pelotonné sur la table à côté de toi ? Je me souviens combien tu bouillais d'impatience, tu voulais agir, faire quelque chose contre l'intolérance et le conformisme, tu détestais les dogmes et les pensées toutes faites... Je crois comprendre que tu n'as pas changé et que tu es aussi rebelle qu'autrefois.*

*Je me disais que nous pourrions nous revoir, juste comme ça, pour faire mentir le temps qui passe. Voilà. Ecris-moi ou téléphone-moi.*

*Affectueusement,*

*Miléna.*

# 7

Une journée qui commençait, c'était toujours une renaissance, une victoire contre la mort. Miléna se réveillait tard, dans un sursaut provoqué par la sonnerie du téléphone, sans doute l'un de ces stupides messages publicitaires qui vantait les mérites d'une assurance supplémentaire. Ebranlée par la soirée avec Tom au cours de laquelle elle avait fait preuve d'une dissimulation habile dont elle n'était pas fière, préoccupée par ses résolutions, elle n'avait pu s'endormir qu'à l'aube, apaisée par le retour de la lumière. Le rêve dont elle venait d'être arrachée, si présent une seconde auparavant, lui échappait maintenant malgré tous ses efforts pour le retenir, le lien qui la maintenait dans l'imaginaire lui glissait entre les mains. Elle avait l'impression de tomber brutalement dans la réalité, et elle se sentait lourde – trop de vin, peut-être, pendant le dîner ? Elle détestait cette sensation d'impuissance face à l'oubli, ce sentiment confus de ne pas pouvoir maîtriser ses propres pensées.

8 h 50, déjà. Le grand corps, dont elle avait confusément senti la présence auprès d'elle au cours des heures

précédentes, était parti au travail, sans la déranger. Une odeur de café imprégnait la cuisine, une tasse était disposée à son attention sur la table, deux toasts l'attendaient dans le grille-pain. Tout était à sa place. Tout était normal. Tout était désespérant.

Elle se dirigea d'une démarche incertaine vers le climatiseur du living pour en augmenter la puissance et couvrir le son insistant des sirènes qui montait des avenues. Le ciel était d'un bleu sans nuance, la journée s'annonçait ensoleillée. Elle parcourut l'appartement d'un regard circulaire, et s'étonna de ne pas ressentir d'émotion. Le fauteuil vert pâle où elle avait l'habitude de s'installer pour lire, la paire de chandeliers d'un autre âge offerts par les parents de Tom, le tableau acheté au vide-grenier de Washington Square figurant cette petite sirène narquoise à laquelle elle aimait s'identifier, et même la volumineuse coquille rose nacré d'un lambi qu'elle avait trouvé à trois mètres de fond, dans l'eau turquoise des Caraïbes… Qu'elle ait pu s'attacher à ces objets l'étonnait. L'idée de s'en éloigner la remplissait au contraire d'une chaleur nouvelle. Elle allait se dépouiller, retrouver l'authenticité, vivre sans accessoires. Libre. Légère.

Elle n'emporterait que quelques effets, le minimum, ceux qui lui seraient utiles dans les prochaines semaines, l'automne approchant ; deux valises, comme si elle partait en vacances. Le tri devrait être sévère car, elle le savait, il lui fallait renoncer à l'essentiel de sa garde-robe. Elle décida cependant de prendre tous ses sous-vêtements. Elle ne voulait rien laisser d'intime. Partir tout entière, ne rien abandonner d'elle, rien qui puisse rappeler son corps, ses jambes, sa peau, ses secrets. Oter toute preuve d'une proximité physique, effacer les marques d'une connivence, comme un assassin nettoie les traces de son crime. Non, Monsieur le juge, ce n'était pas moi ! Je ne connais pas cette femme-là ! A-t-on droit à une seconde innocence ? Combien coûte une dignité de rechange ?

Un message sur le répondeur. La publicité, sans doute. Elle appuya machinalement sur la touche « écoute ». C'était lui. Sa voix moins péremptoire, moins grave que d'habitude : « Euh… C'est Tom. Tu vas sans doute le voir à la télé, il vient de se produire quelque chose, ici. La tour en face de la nôtre est en feu, il y a eu une explosion. C'est plutôt moche. Il y a… Il y a des gens accrochés à l'extérieur, j'ai vu un homme… euh, qui sautait… Ne t'inquiète pas pour moi. Nous, nous sommes en sécurité. Te… Te rappelle. »

Elle se rua vers la fenêtre du salon. Loin, par-delà les toits des immeubles, de l'autre côté de la rue, dans la direction du sud, une volute noire coupait le ciel limpide. Elle plissa les yeux pour mieux voir. La fumée semblait en effet monter de l'une des deux tours, dont elle n'apercevait que le sommet coiffé de sa longue antenne. Elle se saisit de la télécommande du téléviseur, et se laissa tomber dans le canapé. *Breaking News*. Le même ciel bleu sur l'image, la même volute noire, en gros plan cette fois, jaillissant d'un cratère de feu, trou béant au flanc de l'immense gratte-ciel blanc. Elle se précipita vers la fenêtre, revint devant l'écran.

Le téléphone, de nouveau. Elle décrocha.

— C'est moi. Juste pour dire que tout va bien.

— Je vois la tour à la télévision. Ils disent que c'est un avion. Où es-tu ?

— Nous sommes descendus au *sky lobby*, au 78$^{e}$, pour prendre l'un des ascenseurs express qui mènent en bas. Mais il y a foule, ici. On vient d'annoncer par haut-parleur que notre tour était en sécurité. Ils disent qu'il n'est pas nécessaire d'évacuer. Des gens attendent quand même les ascenseurs pour descendre, mais il y a aussi des traders qui remontent dans leurs bureaux pour l'ouverture de la Bourse : il va être 9 heures.

— Il vaut mieux descendre.

— A pied, ça va prendre du temps. Tu peux appeler mes parents pour leur dire que je suis dans la bonne tour ?

— Bien sûr.

— OK. Je te rappelle. Je t'aime.

— Moi… Moi aussi, balbutia Miléna.

A peine avait-elle raccroché que la sonnerie du téléphone retentissait une nouvelle fois. Le père de Tom. Oui, elle venait tout juste de lui parler. Non, pas de danger, il était dans la bonne tour. Oui, il allait bien. Oui, il pensait qu'il allait quand même évacuer. Oui, elle les rappellerait.

Son attention se fixa à nouveau sur l'écran de la télévision. Il y avait maintenant deux colonnes de fumée distinctes. Elle augmenta le volume. Voix alarmée du commentateur. « Quelque chose d'incroyable est en train de se produire. Il y a tout juste une minute, un autre avion s'est s'encastré dans la seconde tour du World Trade Center. Deux avions ont percuté les tours. » Miléna courut vers la fenêtre. Revint devant la télévision.

Soudain, elle réalisa qu'elle n'avait pas branché son portable. Une fois déverrouillé, l'appareil se mit à sonner. Sa mère. Oui, elle l'avait débranché, désolée. Déjà prise en faute, déjà coupable. Oui, elle allait bien, elle était en sécurité. On regardait aussi les images à Paris. Sans doute, dans le monde entier. Oui, maman, je les vois de la fenêtre. Oui, des avions. Des terroristes, c'est ce qu'ils viennent de dire, mais on n'est pas sûrs. Non, on ne sait pas encore. Tom ? Elle sentit une faiblesse soudaine sous son front, comme si son cerveau se vidait rapidement de son énergie.

— Il ne travaille pas là-bas ? interrogea sa mère.

— Si, mais...

— Il n'est pas au bureau aujourd'hui ?

— Si...

— Il a appelé ?

— Oui. Il allait bien, mais...

Elle bafouilla, prononça quelques formules creuses, dit qu'il lui fallait raccrocher au cas où il chercherait à la joindre, tout allait bien, elle rappellerait, c'est promis, oui, tout à l'heure.

*Breaking News.* Deux avions ont percuté les tours. Deux avions ont percuté les tours. Deux avions ont percuté les tours.

Pendant de longues minutes, elle poursuivit ses va-et-vient entre la fenêtre et la télévision, vérifiant la conformité de l'une sur l'autre, tentant de leur donner une réalité. Bien plus tard, après avoir vu des centaines de fois les mêmes images, entendu des centaines de fois les mêmes commentaires, elle se dirait que sa réaction première, ce jour-là, avait été la plus proche de la vérité : seule l'incompréhension avait un sens.

Sur la Troisième Avenue, la circulation des véhicules se poursuivait, comme si la ville n'avait pas encore ressenti sa blessure. Miléna restait prostrée sur le canapé, sans pouvoir retenir une pensée cohérente, répondant aux appels incessants du téléphone. Non, maman, je n'ai plus de nouvelles. Il doit être en train de descendre… Non, toujours pas. Tom ne m'a pas rappelée. Les portables ne fonctionnaient sans doute plus dans les escaliers. Oui, je vous tiens au courant… Que fait-on dans une telle situation ? Attendre. Pendant combien de temps ? Une heure, déjà.

« *Oh my God! Oh my God!* » Voix stridente du commentateur. Image irréelle d'une tour qui s'affaisse sur elle-même, se dilue dans sa fumée noire. Une tour qui s'enfonce dans le sol et disparaît. « La situation a empiré. La tour sud du World Trade Center vient de s'effondrer entièrement. » Un nuage de poussière recouvrant la scène. Cris confus. Sirènes de pompiers. « Si vous venez de nous rejoindre, le choc risque d'être terrible. L'une des tours s'est effondrée… Sans doute de très nombreuses victimes. » Sur toutes les chaînes, le même mot *collapsed* répété à l'infini. Effondrée. Disparue. Evanouie. Volatilisée. *Collapsed, collapsed, collapsed.* La même séquence de l'immeuble anéanti. Le même ciel endeuillé. Les mêmes tremblements dans les voix. La même stupeur chez des millions de Miléna.

« La » tour, mais laquelle ? Dans quelle tour était-il ? Je ne sais pas, dit Miléna aux parents affolés. Lui, c'est la deuxième. Tour numéro 2. La seconde à avoir été touchée. « Milliers de débris, rues recouvertes par une poussière blanche, gens qui fuient. » La tour sud, est-ce la deuxième ? « Tour numéro 2 », confirme un commentateur. « La sienne », murmure la mère de Tom qui pleure au téléphone. Femme qui court, couverte de poussière, un mouchoir sur la bouche. « C'est la scène la plus incroyable, la plus inimaginable… » Caméra braquée sur la tour nord qui s'affaisse elle aussi, aspirée par sa propre fumée. Le sud de Manhattan disparaissant dans un nuage noir, face à la statue de la Liberté brandissant sa torche dérisoire. New York, en partie effacée. Et ce ciel insupportablement bleu.

Une reporter remonte Church Street, essoufflée, tend un micro à un homme qui marche péniblement dans sa direction, les cheveux gris de poussière, les habits déchirés. « Monsieur, s'il vous plaît… » Il ne s'arrête pas, il ne peut pas s'arrêter, il ne veut pas, lâche juste quelques mots : « De la fumée partout, tout s'est effondré, des pompiers, des corps, non, n'y allez pas, on ne peut pas y aller. » Visages hagards, visages ensanglantés, peuple en gris qui émerge du brouillard. Colonne d'hommes et de femmes au pas lent progressant comme des réfugiés. Témoignages las qui disent avoir vu, qui disent qu'ils n'y ont pas cru.

Où était Tom ? Errant lui aussi dans cette épaisse fumée que les caméras ne parviennent pas à percer ? Fuyant comme les autres pour retrouver l'air pur ? Mort ?

Blessé ? Nouvelle image de Church Street imprécise dans la poussière, débris gris sur la chaussée, voitures grises, silhouettes grises. Monde gris. Sans couleurs. Sans bruits. Sans vie.

Le téléphone, encore. Elle lança « oui ? » dans un cri.

— C'est moi.

Cette voix… si familière, si lointaine. Cette voix, qui retentissait dans sa tête comme dans une caverne. Son père.

— Ah ! Je suis content de t'entendre ! Je voulais avoir de tes nouvelles.

Elle ne réagit pas, incapable de parler, la gorge serrée comme si on l'étranglait.

— Miléna ? Tu es là ? C'est toi ?

— Oui.

— Ce qui se passe est abominable, inimaginable… Miléna ? Ça va ?

— Oui.

— Tu n'es pas blessée au moins ?

— Non. Je vais bien.

— Je n'en suis pas si sûr. Tu as des proches qui sont concernés ?

Elle tenta de retrouver son souffle avant de répondre.

— Tom, tu sais, mon… mon mari.

Paris… La chambre de la rue Madame, les marches de l'escalier qui craquaient sous son poids, les éclats de disputes qui lui parvenaient de la cuisine… « J'imagine que je te verrai tous les week-ends. » Combien de temps, combien d'années de silence ?

— Miléna ?

— Oui ?

Il prononçait Miléna avec douceur, en chantant légèrement, comme autrefois. « C'est un prénom riche, lui avait-il dit un jour, précieux. On ne le donne pas à n'importe qui. L'une de celles qui l'a porté était un grand écrivain, l'amie de Kafka. » Elle le revoyait en train de lire dans son fauteuil du salon, un pied replié sous lui dans sa position favorite. Paisible. A quoi ressemblait-il aujourd'hui ? Avait-il le même visage doux, le même regard absent ?

— Tu as des nouvelles ?

— Non. Pas depuis que les tours… se sont effondrées.

— Je suis désolé.

— Vraiment !?

Elle n'avait pas pu s'empêcher. Il était désolé. Désolé ! Elle, elle avait envie de hurler, de se vider de toutes les larmes de son corps. Il était dé-so-lé !

— Pourquoi appelles-tu ? cria-t-elle, en refoulant difficilement un nouveau sanglot.

— Je voulais savoir si tu étais en sécurité, répondit-il.

— En sécurité ? T'es-tu demandé si j'étais en sécurité pendant toutes ces années ?

— Oui. Souvent.

— Mais tu ne savais même pas où j'étais ! Tu ne savais même pas ce que je faisais !

Elle était envahie par les larmes. A quoi bon faire semblant, de toute façon. Tout cela était si absurde.

— Miléna ?

— Mais pourquoi tu ne m'as pas appelée ? Pourquoi ? reprit-elle avec violence.

Cette fois, ce fut lui qui marqua un temps de silence.

— Je ne sais pas… Je ne voulais pas bouleverser davantage ta vie.

— Bouleverser ma vie !

Elle se remit à pleurer.

— Miléna ?

— Je suis là.

— Je suis… Pardonne-moi. J'ai eu plusieurs fois envie de t'appeler, mais j'ai renoncé à la dernière seconde. J'avais… peur de ta réaction. Je n'ai pas eu le courage. Jusqu'à aujourd'hui… C'est ta mère qui m'a donné ton numéro.

Elle se sentait faiblir, incapable de réagir ni de prononcer des paroles sensées.

— Je t'appellerai à nouveau, si tu es d'accord, poursuivit-il. Ce sera plus facile, maintenant.

Plus facile. Pour lui, sans doute. Facile ? Non, tout cela n'était pas facile.

— Miléna ?

— Oui.

— Je vais te laisser maintenant.

— Oui.

— Je peux te rappeler ?

— Je ne sais pas, murmura-t-elle.

— J'essaierai… Ne t'inquiète pas. Il a dû sortir avant l'effondrement de la tour. Ils ont eu plus d'une heure pour évacuer. Il doit être en sécurité actuellement.

Miléna mit un instant avant de comprendre qu'il parlait de Tom. Elle réalisa qu'elle n'avait pas pensé à ce dernier depuis un long moment.

— Miléna ? Je te laisse maintenant. Courage. Ça va aller.

— Oui. Au revoir.

Elle allait raccrocher, mais elle retint brusquement son geste et rapprocha vivement le téléphone de ses lèvres.

— Papa ?

Comme elles étaient lourdes, ces deux syllabes. Comme elles faisaient mal. Comme elles la soulageaient.

— Oui ?

— Merci.

Elle resta un long moment encore, recroquevillée sur le canapé, les yeux fixés sur l'écran de télévision sans enregistrer ce qu'elle voyait. Puis elle s'habilla, jean, tee-shirt, chaussures de marche, prit, dans l'armoire à pharmacie, la boîte de masques chirurgicaux qu'elle avait un jour achetée sur les conseils d'un commerçant mais qu'elle n'avait jamais ouverte, empocha son portable, mit dans un sac à dos une demi-douzaine de petites bouteilles d'eau. Elle ne pouvait rester là, impuissante, les bras croisés, comme une femme de marin pendant la tempête. Il fallait qu'elle y aille. Peut-être avait-on besoin d'aide ?

« Je vais voir si je peux aider. J'ai mon portable. » Elle griffonna rapidement ces quelques mots sur une feuille qu'elle posa bien droite, en évidence, sur la table du living, hésita quelques secondes, puis reprit les deux enveloppes blanches qui contenaient les lettres écrites à Louis et à Tom la veille, les déchira avant de rassembler les morceaux en une boule de papier qu'elle enfouit dans son sac et sortit, les larmes aux yeux.

# 8

— Je ne pouvais plus rester là sans rien faire, tu comprends ? C'était stupide mais plus fort que moi, je n'ai même pas réfléchi.

Miléna regardait le ciel étoilé, y percevant sans doute des images invisibles pour lui. Ils étaient revenus au même endroit, dans ce coin de plage désert, leur crique à confidences. Oui, Louis comprenait. A sa place, il aurait sans doute lui aussi voulu agir.

— Pourquoi ne m'as-tu pas envoyé ta lettre ? demanda-t-il au bout d'un moment.

Miléna soupira.

— Cela n'avait plus de sens, fit-elle.

La réponse n'était pas satisfaisante, elle le savait, mais elle ne voulait pas s'aventurer sur ce terrain-là.

— Tu veux continuer ? reprit doucement Louis en se serrant contre elle.

— Oui… Sur la Troisième Avenue, la circulation s'était interrompue, quelques personnes étaient dehors, le regard tourné vers l'immense nuage gris qui recouvrait le sud de Manhattan, d'autres étaient rassemblées devant un poste de télévision, dans le petit Deli où j'avais l'habitude d'acheter le café, au coin de Madison Avenue. Je suis partie vers l'ouest, puis j'ai descendu Lafayette Street, vers le sud. Il régnait une atmosphère étrange, un silence inhabituel. On n'entendait que les hurlements des sirènes au loin. A mesure que j'approchais, le monde se raréfiait.

Au coin de Canal Street, une voiture de police était placée en travers de la rue. Un policier m'a arrêtée. Il m'a demandé où j'allais. Je lui ai expliqué que je voulais aider. Mais il a refusé de me laisser passer. « Vous ne pouvez pas », m'a-t-il dit. Il parlait doucement, sans rudesse. Jamais je n'avais vu un policier de New York se comporter ainsi. Je ne sais pas pourquoi, mais sa gentillesse m'a encore plus affolée. J'ai fait demi-tour en pleurant.

J'ai remonté deux blocs, jusqu'à Grant, et j'ai bifurqué vers l'ouest, pour contourner le barrage. Et là, petit à petit, j'ai commencé à les croiser... Des hommes et des femmes qui allaient vers le nord. Une armée de spectres couverts de poussière grise. Ils marchaient d'un même pas lent et mécanique comme s'ils venaient de parcourir des kilomètres, avec le même visage fermé, absent.

Je suis redescendue vers Canal Street, mais là aussi, des policiers barraient le passage vers le sud. La foule qui émergeait de Church Street était plus compacte. La même allure lasse, les mêmes visages éteints... Ce n'était sans doute pas tous des occupants des tours, mais des gens qui travaillaient dans le quartier des affaires et des habitants des rues voisines du World Trade Center. Je crois que la plupart d'entre eux ne savaient pas où ils allaient. Mais ils s'éloignaient en tout cas du lieu du désastre. J'ai tendu stupidement mes bouteilles d'eau à leur intention, comme un supporter au passage des coureurs. J'ai été surprise de voir qu'ils l'acceptaient aussitôt en me disant « Merci ». Un homme, je le revois comme s'il était devant moi, portait, je ne sais pourquoi, une serviette de restaurant autour du cou. Il a bu une gorgée d'eau, et m'a rendu la bouteille : « Gardez-en pour les autres », a-t-il dit. Puis, il m'a serrée dans ses bras, il m'a regardée, et il a ajouté : « Vous êtes belle. Cela existe encore, alors… » Et il est reparti.

Que pouvais-je faire d'autre ? Mon portable, que je vérifiais régulièrement, ne parvenait pas à trouver un réseau. Alors, j'ai rebroussé chemin, marchant cette fois dans le même sens que la foule. J'aurais voulu leur dire que j'étais l'une des leurs, mais moi, je n'étais même pas une rescapée, je n'étais rien. Je me sentais impuissante, inutile, coupable de ne pas être comme eux… Je suis rentrée piteusement, parcourant la trentaine de blocs qui me séparaient de mon quartier, progressant parmi les ombres. Soudain, une femme est venue vers moi, et m'a demandé ce qu'elle pouvait faire pour m'aider. Je n'ai pas eu le courage de lui dire que je ne venais pas de là-bas. Je sais que c'est stupide, mais j'avais honte. Je l'ai remerciée, et j'ai poursuivi mon chemin.

La 9e Rue était silencieuse, trop silencieuse pour que cela soit habituel. A la fenêtre d'un immeuble, quelqu'un avait accroché un drapeau américain. Ce petit morceau d'étoffe m'a bouleversée. J'ai pensé à mon grand-père qui me répétait combien nous avions de la chance, nous et nos parents, de ne pas connaître de guerre. Le pauvre…

Quand je suis entrée dans l'appartement, j'ai immédiatement remarqué que le petit mot que j'avais placé sur la table n'était plus là. J'ai appelé : « Tom ? » Personne n'a répondu. Le salon était vide, mais la télé était restée allumée et continuait de déverser les mêmes images de tours, comme deux fantômes condamnés à revivre indéfiniment leur mort. « Tom ? » J'ai ouvert la porte de la chambre. Le grand corps était là, sur le lit, endormi, recroquevillé comme un enfant.

— Il était sorti de la tour à temps…

— Oui.

Miléna prit une profonde aspiration.

— Il était vivant, indemne. Je l'ai regardé, hébétée, sans comprendre. Le choc l'avait épuisé, et il dormait profondément. J'ai refermé doucement la porte, et je l'ai laissé dans son cauchemar.

Sur l'écran de télévision, les tours n'en finissaient plus de s'effondrer. Au milieu du pont de Brooklyn, une longue colonne de gens progressait lentement, se retournant fréquemment pour regarder une fois encore la fumée mortelle qui enveloppait le sud de Manhattan. Les visages avaient la même expression absente.

Alors, je suis allée dans le dressing, j'ai fouillé dans le casier des draps et des taies d'oreiller… Il était là, soigneusement plié sous une pile, dans l'attente de la fête de l'Indépendance. Et moi, la petite Française niaise, j'ai accompli machinalement ce geste que des milliers d'autres personnes ont fait en même temps que moi. J'ai ouvert la fenêtre, et j'ai accroché le drapeau américain sur la façade.

Miléna replia ses genoux contre elle comme pour se mettre en boule, et reprit son récit.

— Après m'avoir téléphoné la seconde fois, Tom, découragé par la foule qui se pressait devant les ascenseurs, avait finalement décidé d'emprunter l'un des escaliers avec deux de ses collègues. Soixante-quinze étages, à raison de trente secondes minimum par étage, cela faisait un peu plus d'une demi-heure à condition de progresser rapidement. Mais des centaines de personnes avaient fait le même choix, et il fut très vite ralenti par la foule qui grossissait à chaque nouvel étage.

Cinq minutes après avoir entrepris sa descente, il entendit un grondement gigantesque. L'immeuble a tremblé, puis il a oscillé comme s'il allait s'incliner et tomber. Il y eut un moment de panique, les gens hurlaient… Finalement, la tour a rétabli son équilibre.

— Le deuxième avion…

— Oui. Le deuxième avion, qui venait de s'encastrer au niveau du 78$^{e}$ étage, dans le *sky lobby* que Tom venait de quitter. Il avait eu la chance d'emprunter l'escalier à temps. C'était désormais une colonne interminable de gens terrassés par l'angoisse qui s'efforçaient de descendre au plus vite. Parvenus dans les étages inférieurs, ils durent se serrer contre les murs pour laisser passer des équipes de pompiers qui montaient. Les hommes croulaient sous leur équipement, leur lourde veste, des haches, des rouleaux de lance à incendie, ils ruisselaient de transpiration, déjà épuisés par leur ascension, mais en croisant les fugitifs, ils s'efforçaient de faire bonne figure et même parfois de prononcer quelques mots d'encouragement.

L'un d'eux a stoppé quelques secondes pour reprendre son souffle, il a posé la main sur l'épaule de Tom, et il lui a dit :

— *It's gonna be all right… You'll be fine…* Ça va aller…

Sur son casque était inscrit le numéro 35. *Ladder 35.* Le numéro de sa compagnie, basée dans le centre de Manhattan, près du Lincoln Center. Ce moment-là, Tom ne l'a jamais oublié.

Pendant qu'il descendait, des centaines de personnes étaient piégées dans les étages supérieurs, au-dessus de la zone d'impact. Eux, ils ne pouvaient pas fuir, ni par le haut ni par le bas. Ils ne savaient pas que l'un des escaliers, protégé par les machineries des ascenseurs et les blocs techniques, avait été en partie épargné et leur aurait permis de franchir la zone d'impact. Ils auraient peut-être pu s'en tirer, car la tour ne s'est effondrée qu'une heure plus tard. Mais ils ne le savaient tout simplement pas, tu comprends. Ils ne le savaient pas ! Alors, certains ont appelé leur famille pour faire leurs adieux. Des gens comme toi et moi… Imagine cela, Louis : tu disposes de quelques secondes avant de mourir pour faire tes adieux à ceux que tu aimes. Quelques phrases, pas davantage. Imagine… Tout ce que tu n'as pas dit, que tu n'as pas osé dire… Comment trouver les bons mots ? Comment aider ceux qui vont rester et qui vont souffrir de ta disparition ? Qu'est-ce qui est le plus important ? L'essentiel de ta vie, de tes sentiments, en trente secondes.

Tu sais, il y a eu de très nombreux témoignages sur cette histoire, les survivants ont raconté leur calvaire dans le détail, des milliers d'appels au 911 et aux services de secours ont été enregistrés, seconde par seconde, les familles des victimes ont rapporté leurs dernières conversations avec leurs proches… Mais rien ne dira jamais ce qui se passe dans la tête d'un être humain conscient quelques secondes avant sa mort, la dernière étincelle juste avant qu'il ne s'éteigne.

La Lune, dont on percevait les deux tiers de la circonférence, avait progressé dans le ciel, et un faible halo blanc recouvrait la plage. Louis regardait ce gros caillou stérile dont on devinait l'ombre des cratères géants. Là-bas, il y avait des traces de pas humains, et ce même drapeau étoilé dont parlait Miléna, planté en 1969, le symbole d'un rêve de conquête vain et sublime. Les astronautes avaient vu la Terre, avec ses continents et ses océans bien dessinés, se lever dans le ciel lunaire, et certains en étaient revenus fous. Quelle était donc cette planète où l'espèce dominante s'obstinait à se détruire ?

Miléna restait silencieuse, les yeux fixés sur le ciel. Perdue dans ses souvenirs… Où était-elle partie ? Intime ou étrangère ? Il aurait voulu suspendre le temps, garder contre lui ce corps frémissant, ce corps qui l'attire et l'effraye. Il hésite, approche ses lèvres, les pose doucement sur les siennes… comme autrefois… Il est au jardin du Luxembourg, près de la statue de la Liberté, tremblant comme s'il avait la fièvre. Soudain, il prend peur, se recule dans un sursaut. Le regard intense de Miléna s'est tourné vers lui, mais il ne parvient pas à y lire un quelconque message. Il se lève, l'invite à se redresser à son tour, l'entraîne doucement pour faire quelques pas sur la plage. Ils marchent dans l'obscurité, sans un mot.

Deux êtres errants sur une plage vide et lunaire, se dit Louis. Vide et lunaire comme l'était le désert égyptien qu'il contemplait ce soir du 11 septembre, après le coucher du soleil. Il revoyait le regard inquiet de Samir qui était venu l'avertir, son visage sec raviné par le soleil, ses yeux impatients, son incompréhension à lui aussi. Et vous, que faisiez-vous le 11 septembre ? demande-t-on aujourd'hui dans les dîners. Moi ? Sans attendre l'approbation de Miléna, il commença :

— Moi, ce jour-là, j'étais perché en haut d'une échelle, dégoulinant de transpiration, et je tentais vainement d'attraper une parcelle de beauté.

*« Le 18 mai 1993, à Sarajevo, une jeune Bosniaque et un jeune Serbe de vingt-cinq ans, abattus par des snipers devant le pont de Vrbanja en tentant de fuir la guerre, ont rampé l'un vers l'autre pour mourir. Leurs corps enlacés sont restés six jours dans le no man's land. Ils s'aimaient depuis l'âge de seize ans.*

*Le 11 septembre 2001, quelques minutes après que des fanatiques islamistes, obsédés par la virginité, eurent précipité les avions sur le World Trade Center, on a vu un couple sauter dans le vide du haut d'une tour en se tenant par la main.*

*En décembre 2010, en Inde, une jeune fille de treize ans s'est immolée par le feu après que la famille de son amoureux, un garçon de seize ans, eut décidé de les séparer. La nuit suivante, celui-ci s'est arrosé d'essence et immolé à son tour sur le corps de sa bien-aimée.*

*L'amour, seule réponse à la barbarie ? L'amour, plus fort que la mort ? L'amour, toujours gagnant ? L'amour, toujours perdant ? A vous de le dire. »*

Louis FARRELL, *La Malédiction mammifère.*

# 9

En songeant à ce jour-là, ce jour de feu, il lui semblait encore sentir sur ses joues la chaleur du désert, une chaleur sèche qui pèse mais n'accable pas, et le léger vertige qu'il éprouvait, accroupi à dix mètres de hauteur sur un échafaudage instable posé contre l'un des portiques du Ramesseum, le temple de Ramsès. De ce perchoir, le site de l'antique nécropole des pharaons – dont certains, se disait-il, dormaient encore secrètement sous le sable, attendant une hypothétique découverte – se révélait dans toute sa splendeur mystérieuse, mais lui, il n'avait d'yeux que pour quelques centimètres carrés de pierre ocre sur laquelle était gravée une silhouette féminine, à peine visible du sol si ce n'est par un œil averti.

Selon la tradition égyptienne, la jeune femme à la taille minuscule, enserrée dans une robe étroite, était figurée de profil, à l'exception de son buste et de son œil, présentés de face. Le dessin était situé à proximité d'une fresque représentant la bataille de Kadesh et détonnait dans ce contexte guerrier. En quelques traits légers, l'artiste de l'Antiquité avait réussi à capter la magie d'un corps de femme idéale, un corps parfait. Mais pourquoi là, aussi haut, aussi loin, à l'abri des regards ?

De plus en plus étourdi par la chaleur, Louis contemplait la silhouette avec perplexité. A côté du dessin, dans la pierre ocre, on pouvait reconnaître le cartouche de hiéroglyphes qui indiquait le nom de la reine Néfertari, « la plus belle aimée de Mout », l'épouse de Ramsès II à qui le pharaon avait dédié des palais et des temples. Qu'est-ce qui avait poussé les graveurs à agir ainsi à l'abri des regards ? Seuls le geste, sa minutie, et la satisfaction de l'avoir accompli semblaient avoir compté. Ici, en Egypte, se disait Louis, dans une telle exubérance d'images, cette gravure-là était assurément un hommage à l'art et à l'amour. Quelques traits creusés par un stylet, et voilà la beauté qui explose, l'humanité qui jaillit de la pierre.

Il songea aux bestiaires fantasmagoriques qu'il avait admirés dans les grottes paléolithiques, peintures cachées elles aussi dans des recoins de la roche, et à l'émotion intense qu'il avait alors ressentie. Lorsqu'il avait visité pour la première fois Lascaux, privilège réservé aux seuls chercheurs, et que le faisceau de sa lampe torche avait lentement révélé les premiers bisons sur les parois, les éclairant doucement comme l'avaient fait les hommes d'autrefois, les larmes l'avaient submergé.

C'était pour des moments comme celui-là qu'il s'était engagé sur la voie aride de l'anthropologie, fidèle à sa passion d'enfant qui collectionnait les livres et les revues sur la préhistoire, et qu'il courait la planète à la recherche des premiers signes d'humanité, des premières traces de sentiment. Comme ces fleurs, retrouvées dans la tombe d'une femme de Neandertal enterrée il y a quelque soixante mille ans… N'était-ce pas la preuve, s'était dit Louis, qu'en ces temps reculés de la préhistoire, un être humain avait pleuré sa belle et s'était donné de la peine pour l'honorer ? Que l'amour, déjà, l'avait animé ?

L'amour… Qu'en savait-il en réalité ? Ai-je seulement aimé ? se demandait-il, s'apitoyant sur lui-même, là-haut, sur son échelle, le nez collé à la pierre monumentale dédiée aux dieux.

Des visages de femmes s'animaient dans ses pensées, des yeux sombres dans la pénombre, des peaux moites mêlées… Oui, il avait aimé des corps, il avait aimé être aimé, il avait aimé l'idée d'aimer et, comme tout le monde, il avait tenté de la plaquer sur des êtres de rencontre. Mais avait-il aimé ? Tout cela n'était-il pas un jeu de rôle, la répétition d'un comportement toujours insatisfait ? Etait-ce l'amour que racontaient ces fresques dont il s'était rempli les yeux les jours derniers, effigies d'Osiris lubriques et de déesses aux seins saillants sous leur robe transparente, scènes d'agapes et de banquets ? Existaient-ils vraiment ce feu, cette brûlure incandescence décrite dans les récits et les légendes depuis la nuit des temps ? Ou était-ce le grand mensonge universel ?

— Monsieur Louis !

Une voix interrompit sa rêverie. Au bas de l'échelle, Samir, vêtu de sa *gelabieh* bleue et de son turban, cherchait à attirer son attention. L'après-midi était bien avancé, mais ce n'était pourtant pas encore l'heure de regagner la Mission.

— Je descends ! cria Louis en lui faisant un signe de la main pour lui dire de patienter.

Il n'avait pas envie de rentrer. Une légère brise se levait, et sur son échafaudage, il goûtait une quiétude précieuse, il s'imprégnait de ce lieu si cher aux Egyptiens de l'Antiquité, il communiait avec leurs âmes, appréciant ce moment hors du temps. Son périple au Tchad, en compagnie de paléontologues à la recherche de fossiles d'hominidés, l'avait épuisé. Trois semaines dans la fournaise, les journées accroupi sur la terre craquelée, les nuits collé contre les roues de la Land Rover pour s'abriter des vents de sable… La mission n'avait rien donné, mais telle était la vie des chercheurs d'os qui, comme les joueurs, reviennent inlassablement devant le tapis vert avec la conviction de pouvoir rafler enfin la mise. En comparaison, l'Egypte était un soulagement. Même si, au fil des années, le pays s'était dangereusement islamisé, le passé antique s'imposait toujours avec force. Sur la rive occidentale de Louxor, tout était à la mesure de l'éternité, et il était bon de se laisser prendre par les songes.

— Monsieur Louis !

Au bas de l'échelle, Samir s'impatientait, ce qui était inhabituel. Louis interrompit sa méditation et le rejoignit à contrecœur.

— Il faut venir, dit le fellah en l'entraînant vers la voiture. Quelque chose s'est passé. A New York.

A la Mission de Malgatta, il trouva la petite équipe d'égyptologues français assis dans le salon devant le poste de télévision, figés devant les tours du World Trade

Center qui s'effondraient et s'effondraient encore dans une boucle infernale d'images.

— Si seulement j'avais pu t'appeler à ce moment-là, interrompit Miléna. Je suis restée devant la télévision sans comprendre.

— Moi non plus, je n'ai pas compris, fit Louis, les yeux fixés sur la masse sombre de l'eau. Qu'y a-t-il à comprendre d'ailleurs ? Que l'on peut assassiner froidement, méthodiquement, des milliers d'êtres humains anonymes ? Nous le savions déjà, non ? Les nazis nous l'ont appris. Pol Pot nous l'a appris. Lénine et Staline aussi, et tant d'autres…

— C'est quand même difficile d'imaginer que des hommes puissent en arriver là… murmura Miléna. Comme s'ils ne considéraient plus les autres comme leurs semblables…

Ils étaient de nouveau assis face à la mer, et Louis était heureux de cette complicité intellectuelle qu'il éprouvait avec Miléna. Il lui semblait que cette femme-là exprimait exactement ce qu'il ressentait.

— Il y a encore du sexe dans cette histoire, reprit-il. Les kamikazes étaient obsédés par le sexe et la virginité. La pénétration des avions dans les tours, c'est une sorte d'acte sexuel primaire. La quintessence de la pulsion mammifère… Il n'y a plus rien d'humain là-dedans. Plus une trace d'amour.

Miléna fit la grimace.

— Je ne crois pas que l'on puisse aller jusque-là quand même.

Elle avait peut-être raison. Voilà encore qu'il replongeait dans ses obsessions… Il marqua un temps avant de continuer :

— Si j'avais su que tu étais à New York, je me serais inquiété pour toi, j'aurais cherché moi aussi à te joindre au téléphone.

Il l'imaginait dans les rues de Manhattan, bouteilles d'eau à la main, ombre hébétée parmi des milliers d'ombres hébétées, progressant vers le lieu de l'incompréhension, puis battant en retraite, repliée dans son appartement devant les images d'une réalité insaisissable, seule, trop seule, et il en éprouva du regret.

Lui aussi, ce soir-là, à Louxor, il était resté de longues heures devant la télévision. De temps en temps, il sortait dans le jardin qui exhalait les senteurs des cactus pour respirer l'air sec du désert et retrouver une sensation de paix. Appuyé contre le muret de pierre, il regardait l'immense silhouette de la montagne tapie sous le ciel étoilé comme un animal aux aguets, là où se nichaient les sépultures des monarques de l'Antiquité. Le royaume de l'éternité.

Où était la réalité ? Dans la nuit égyptienne lourde de mystères, dans les ténèbres des tombeaux où les âmes des pharaons dansaient avec des déesses torrides et des dieux sardoniques à tête d'animaux ? Ou sur l'écran de télévision vers lequel il retournait, fasciné, pour ingurgiter jusqu'à la nausée les images d'un autre royaume anéanti à l'autre bout du monde et deviner la même lassitude dans les regards des témoins, lassitude qui, il ne l'avait pas encore compris, s'adressait au genre humain tout entier ?

Il lui avait fallu attendre plusieurs jours avant de pouvoir regagner la France. Des soldats indolents aux visages d'enfants, abattus par la chaleur, étaient postés aux différents carrefours de Louxor et jalonnaient la route poussiéreuse qui menait à l'aéroport, appuyés sur leur kalachnikov. Il retrouva Le Caire plongé dans la même nonchalance inquiète, mais, excepté la présence renforcée des soldats, la ville ne semblait pas avoir changé. Loin des grandes avenues où s'écoulait le flot continu des voitures cabossées et hurlantes, il plongea dans le chaos fascinant des vieilles ruelles, déambulant, en familier des lieux, parmi les étals du souk qui exhalait des odeurs de safran et de pain chaud, se baignant dans la foule qui tanguait, au milieu des femmes voilées chargées d'immenses plateaux de nourriture et des charrettes croulant sous les dattes. Comme New York, Le Caire semblait engagé dans une guerre incessante contre l'inertie. En comparaison, Paris lui avait toujours semblé fatigante, certes, mal embouchée, certes – « Parisiens, têtes de chien » disait autrefois son père, qui adorait la capitale et détestait ses habitants –, mais somme toute plus agréable à vivre.

Pourtant, pour la première fois, en arrivant à l'aéroport de Roissy, il eut le sentiment de ne pas être chez lui. La ville qui se matérialisait par la fenêtre du taxi lui semblait faire partie d'un autre monde, un îlot d'insouciance et, peut-être, d'indifférence. Les jours suivants ne firent que confirmer son malaise. L'intervention américaine en Afghanistan était imminente, on s'attendait à tout instant à voir les bombardiers survoler le territoire français, et l'atmosphère était lourde de résignation. Etait-ce ce qu'avaient ressenti ses grands-parents pendant la guerre ? Un poids sur les épaules, la sensation oppressante que le désastre pouvait survenir au coin de la rue, que la vie pouvait s'arrêter à tout moment ?

Petit à petit, racontait-il à Miléna, il commença à percevoir autre chose, une sorte de rancœur collective, un ressentiment diffus et amer qui affleurait dans nombre de discussions et dans les dîners d'amis auxquels il était souvent convié, son aura de voyageur et de chercheur atypique faisant de lui un invité recherché. L'onde de choc du 11-Septembre semblait atténuée, mais il subsistait un vent délétère. Si le monde allait mal, disait-on, si la situation internationale s'envenimait, n'était-ce pas *quand même* à cause de l'arrogance yankee, de leurs dollars, de leur morgue ? Et Louis découvrait que l'abattement qu'il avait éprouvé, la tristesse qui l'habitait encore n'étaient pas unanimement partagés.

C'est alors que Marie était apparue… En la découvrant, un soir, assise sur un canapé, une coupe de champagne à peine entamée à la main, alors qu'il arrivait bon dernier à un dîner dans le XX<sup>e</sup> arrondissement auquel il se rendait de mauvaise grâce, il avait pensé : « Tiens, la soirée s'annonce plus agréable que prévu. »

— Marie est danseuse à l'Opéra, lui chuchota son hôtesse, attachée de presse dans la maison d'édition qui publiait Louis, en lui présentant l'inconnue.

Il n'avait jamais rencontré de danseuse, ne s'intéressait

pas aux ballets, n'allait jamais à l'Opéra, et à cet égard il nourrissait les pires clichés. Les danseuses sont frigides, pas très malignes, mais elles ont de longues jambes et de petits seins, voilà tout ce qu'il croyait savoir en la matière. Quant à leurs gesticulations amidonnées en tutus, elles lui semblaient particulièrement désuètes, réservées aux jeunes niaises qui croyaient encore au prince charmant.

A y regarder de plus près, ou tout au moins par coups d'œil répétés et peu discrets, la créature, il fallait le reconnaître, attirait la lumière. Corps fin et musclé, cheveux blonds rassemblés dans une natte élégante, cou de cygne bien sûr (on devait assurément les sélectionner comme les pommes, selon gabarit), longues jambes, taille étroite... Elle lui rappelait la déesse égyptienne, gravée là-bas dans la pierre du temple de Ramsès, et cette ressemblance le troubla, effaçant l'ironie qui affleurait sur ses lèvres.

A table, ils furent placés côte à côte, à sa grande satisfaction. Soucieux d'engager la conversation, il commença par des banalités. Oui, l'Egypte... J'en reviens. J'aime tant ce pays. C'est plus qu'un pays d'ailleurs, c'est une autre planète. Là-bas, vous savez, on sent véritablement le poids du passé, cette civilisation quatre fois millénaire toujours présente, beauté à chaque pas, magie du Nil, pérennité stupéfiante, éternité... et il se maudissait de s'entendre aligner autant de clichés. Elle, elle écoutait, patiente, un sourire poli sur ses lèvres fines, le raillait peut-être intérieurement en le regardant avec une forme d'insistance – ou était-ce sa manière à elle d'observer les gens ? –, et petit à petit, les convives autour de Louis s'effaçaient, leurs conversations désordonnées s'estompaient, il n'y avait plus pour lui que ce visage malicieux qui lui accordait toute son attention.

— Désolé, s'excusa-t-il en tentant de maîtriser son trouble. Je vous ennuie. Parlez-moi plutôt de la danse. J'avoue que je suis totalement ignare. Que devrais-je en savoir ?

Elle sourit. Reconnut qu'hélas il n'était pas le seul, la culture des Français en la matière était médiocre.

Elle traînait légèrement la voix, étonnamment jeune, presque enfantine, et s'exprimait avec facilité, dans un français rare, allant toujours au bout de ses phrases, pourtant riches d'incises et de propositions, sans jamais perdre le fil de son propos ni maltraiter la grammaire. Ce qu'elle disait lui semblait frappé d'intelligence, une forme de bon sens sans la moindre trace de fatuité, au contraire des intellectuels bavards qu'il fréquentait habituellement.

La danse, lui expliqua-t-elle joliment après avoir dévoré son confit de canard – et lui qui croyait que les danseuses ne faisaient que picorer ! –, c'est le langage de l'instant. Comme tous les arts, une tentative, vaine bien sûr, forcément vaine, pour s'extraire du monde réel, d'autant plus belle qu'elle est éphémère. Si vous voulez apprécier un ballet, surtout ne cherchez pas à « comprendre », mais laissez-vous aller aux sensations, aux sentiments que le corps de l'interprète vous suggère.

Le corps de l'interprète me suggère bien des choses, se disait Louis en la contemplant, captivé. La voix d'enfant de la danseuse l'isolait des convives, l'emportait loin du dîner bavard, le ramenait dans le ciel bleu d'Egypte, et c'était la déesse de pierre qui s'exprimait, une déesse antique appelée Marie qui lui parlait de sylphides et de légèreté.

Alors, il lui raconta sa belle danseuse à lui, là-bas, sur une pierre de Louxor, la danseuse qui lui ressemblait, la danseuse qui parlait d'amour, il lui dit ses voyages, ses recherches, ses missions en Afrique, son travail austère, mais aussi, bien sûr, l'amour dont il cherchait à retracer l'histoire, l'amour qu'il lisait dans les os et les fossiles, sur les fresques et les tableaux.

— Le paléolithique était un âge amoureux, dissertait-il. Imaginez les hommes et les femmes, en petits groupes nomades, batifolant dans la forêt, cueillant des fruits ici, chassant un peu là, s'arrêtant dans les clairières pour s'aimer…

Elle l'interrompit, amusée :

— Ça, c'est la version optimiste. La préhistoire était peut-être moins idyllique. Ne prenez-vous pas vos désirs pour des réalités ?

— Qui sait ? En ce temps-là, les humains étaient nomades, chasseurs et cueilleurs sur une terre d'abondance. Tout laisse à penser que les hommes et les femmes vivaient d'une manière plus égalitaire qu'aujourd'hui. Comme s'il y avait eu une sorte d'éden avant que l'on ne se sédentarise et, du même coup, qu'on s'enchaîne… Tous nos malheurs sont venus de là : avec la propriété, on a commencé à contrôler la filiation, donc la sexualité, donc le corps des femmes…

Il parlait et parlait, conscient de faire un cours, mais incapable de maîtriser sa logorrhée, par peur sans doute de laisser venir un silence qui aurait brisé le charme et interrompu la conversation. Rien d'autre ne lui importait que d'attirer l'attention de cet être fascinant qui, il y a quelques minutes encore, n'existait pas à ses yeux, mais qui, désormais, comptait plus que tout. Il voulait qu'elle soit tout entière tendue vers lui, et le moindre geste qu'elle tentait, un sourire pour refuser que l'on emplisse encore son verre, un regard vers la maîtresse de maison, éveillait déjà chez lui le germe de la jalousie.

Pour la retenir, il lui parla encore de science, de sexe et d'amour. Ah ! Ces puritains de Romains qui ne se touchaient que dans l'obscurité mais consommaient leurs esclaves sans distinction ! Et ces fourbes de troubadours – l'amour courtois n'était en réalité qu'une incitation à l'adultère, regardez Tristan et Iseult, voyez Lancelot et Guenièvre ! Et la prétendue Renaissance ! Vous ne pouvez pas imaginer à quel point l'ordre sexuel imposé conjointement par l'Eglise et l'Etat était écrasant – on considérait la sexualité comme une abjection et on s'habillait jusqu'au col avant de se mettre au lit... Quant à la Révolution, c'était l'ennemie de la vie privée, l'ennemie des femmes – rappelez-vous : la Terreur et la Vertu... Il aurait pu dérouler toute l'histoire du sexe et du sentiment qu'il connaissait par cœur, et dont d'ailleurs il faisait la matière de ses conférences à succès, mais la conversation autour d'eux, échauffée par le vin, avait augmenté de volume, et il devenait difficile de s'y soustraire.

— ... en un sens, c'est une création artistique, une forme de chef-d'œuvre, pérorait l'un des convives, un photographe massif au visage raviné – l'homme devait être un familier et, Louis avait, hélas, cru le comprendre, un ami de Marie. Il y a du génie dans cette opération. Mettre à genoux l'Amérique, avec des bouts de ficelle, oui, c'est du génie !

Louis mit quelque temps avant de comprendre, avec effarement, qu'il parlait du 11-Septembre. Les autres écoutaient l'orateur sans manifester de désapprobation.

— Après tout, c'est une réponse à l'arrogance américaine qui écrase les pays pauvres depuis des décennies, poursuivait celui-ci. L'Amérique est un danger pour le monde, bien avant les islamistes. Ce sont les Américains qui ont humilié le monde arabe et réveillé les conflits ancestraux du Moyen-Orient, et l'on voudrait maintenant que l'on s'apitoie sur leur sort ? Je réprouve les actes terroristes, bien sûr. Le 11-Septembre est une tragédie, tout cela est bien triste pour les victimes, mais ils l'ont bien cherché, non ?

Délaissant sa danseuse, Louis ne put s'empêcher d'intervenir :

— Excusez-moi, mais Ben Laden n'a jamais défendu les pauvres. C'est un fanatique, un salopard qui mène une guerre contre la démocratie et la liberté qu'il déteste, et il nous vise aussi bien, nous, que les Américains ! Une création artistique ? Il a assassiné trois mille personnes, de tous âges, de toutes nationalités, de toutes religions, de manière ignoble, et vous nous parlez de chef-d'œuvre ! C'est odieux !

— Vous êtes un peu naïf, répliqua le photographe. Et les morts du Viêtnam, vous les oubliez ? Et ceux d'Amérique latine, ceux d'Afrique qui crèvent à cause de la politique américaine depuis des décennies, ils ne comptent pas ?

— Votre haine des Américains vous égare, lança Louis avec mépris. Allez donc vivre dans ces pays « humiliés » que vous affectionnez tant ! Ils ne rêvent que de s'entre-déchirer !

— Allons, allons, vous n'allez pas vous entretuer vous aussi, intervint la maîtresse de maison en souriant, soucieuse de désamorcer la querelle.

Louis hésita un moment sur la conduite à adopter, puis se retint – à quoi bon polémiquer avec un tel imbécile ? Il sentait ses mains trembler et craignait de ne plus se contrôler. « En fait, votre opinion ne m'intéresse pas », se contenta-t-il de lancer piteusement en se levant et en se repliant vers la cuisine pour tenter de se calmer, furieux contre lui-même. Il était grossier, balourd, insupportable comme d'habitude. Incapable de se tenir correctement dans un dîner.

Lorsque, au bout de quelques minutes, Marie vint le rejoindre, sa colère s'apaisa, et son amertume se changea en ravissement. La présence à cet instant-là de la jeune femme dans l'intimité de laquelle il était entré depuis une bonne heure lui indiquait que quelque chose existait désormais entre eux, quelque chose qui n'avait pas encore été dit.

— Excusez-le, dit-elle, je le connais, et je sais que ses propos ont dépassé sa pensée. Il adore la provocation.

— Celle-ci est de très mauvais goût, répondit Louis. Mais laissons tout cela. Parlez-moi de vous…

Alors, ils reprirent leur badinage, et elle lui raconta sa vie, c'est-à-dire la danse, car la danse était sa vie. Et d'abord, sa mère qui l'avait propulsée sur cette voie, la mère typique de danseuse qui avait dû renoncer à la danse et en avait conservé une amertume qui se réveillait chaque fois qu'elle se rendait à l'opéra Garnier. Maman – Marie disait « maman » avec familiarité, comme si Louis la connaissait –, maman connaissait par cœur les variations de *Giselle* et du *Lac des cygnes,* elle jugeait avec sévérité la manière de les exécuter, et comparait les performances de chaque interprète. Elle avait emmené Marie très tôt au spectacle, et l'avait éduquée dans le mythe de la danse, lui racontant la vie des grandes ballerines, Marie Taglioni qui s'envolait dans *La Sylphide,* Anna Pavlova et *La Mort du cygne*, Violette Verdy, et tant d'autres... Pour la jeune Marie, les contes de fées se déroulaient au palais Garnier, et les princesses portaient des tutus.

— A six ans, je passais mon temps à monter sur mes pointes et à exécuter des arabesques devant mon miroir.

Marie lui raconta les discussions enflammées de ses parents à son propos. Fallait-il ou non la présenter à l'école de danse, la cloîtrer dans ce milieu très fermé ? Son père s'y refusait : et si, au terme de l'école, Marie n'était pas prise dans la compagnie – il n'y avait que deux ou trois places par an –, que deviendrait-elle alors ? Mais l'obstination de sa mère avait eu raison de ses objections, Marie avait réussi le concours d'entrée à l'école, suivi les six années de cours, et avait été admise dans le corps de ballet de l'opéra de Paris où elle avait petit à petit gravi les échelons jusqu'à devenir « première danseuse ». On lui attribuait désormais des grands rôles, et un jour peut-être, confia-t-elle à Louis, un jour, elle serait étoile…

Assis face à elle, le coude posé parmi les piles d'assiettes vides, Louis l'écoutait, fasciné de découvrir ce monde prestigieux, bien loin de l'univers universitaire qu'il jugeait si artificiel. Trop de chercheurs cachaient leur vacuité sous des mots savants et des phrases pédantes qui irritaient profondément Louis. Même s'il avait réussi à y faire sa niche – l'amour, pouvait-il trouver meilleur sujet ? –, il était toujours un peu jaloux des artistes. Ceux-ci étaient eux aussi empêtrés dans leurs codes et leurs jargons, mais ils pouvaient au moins s'octroyer plus d'impertinence.

De temps en temps, leur hôtesse entrait pour prendre une bouteille, déposer un plat, et tentait une remarque banale – « Ah ! Je croyais que vous aviez disparu », ou « On te réclame à côté, Marie » –, mais eux, béats dans la bulle qu'ils s'étaient construite, se gardaient de réagir, répondaient tout au plus par un rapide sourire ou une vague excuse, et poursuivaient leur conversation à voix basse sans se retourner, forçant l'intruse, découragée, à battre en retraite et à quitter discrètement la pièce. La cuisine était devenue leur monde, et Louis s'en serait pris à quiconque aurait prétendu les en déloger.

Bien sûr, ils en vinrent à évoquer les relations entre les hommes et les femmes, porte magique pour entrer un peu plus dans l'intimité, la difficulté de comprendre l'autre, le jeu des apparences et des conventions, tout ce qui crée les distances… et c'était précisément une manière d'abolir leurs propres distances que de déplorer la difficulté de le faire, une manière de distinguer leur relation naissante en la plaçant sous le sceau de l'exception. Souvent, on aimerait être plus sincères, babillaient-ils, dire vraiment ce que l'on pense, mais nous sommes pris par un tel jeu d'allégeances et de hiérarchies, prisonniers de tant de conventions... et c'était encore une manière d'affirmer qu'ils pouvaient, eux, briser les barrières et se comprendre mieux que quiconque.

Louis plongeait les yeux dans ceux de la danseuse, hypnotisé, impuissant à détourner le regard. Marie, se disait-il, c'est un prénom si innocent... Plus il la regardait, plus il sentait en lui une attraction animale, un élan de tendresse, et un mot émergea du brouillard de ses pensées : « amoureux ». Oui, je suis amoureux de cette personne fascinante que je viens de rencontrer et que j'ai l'impression d'avoir toujours connue. C'est elle, l'amie, l'aimée, la complice, la belle Egyptienne, la femme idéale. Peut-être, à cet instant-là, avait-il simplement *décidé* de tomber amoureux ? Peut-être ne faisait-il que projeter ce besoin dans un corps désirable ? Peut-être était-il en train d'*inventer* cet amour ? Mais, à ce moment-là, cette question ne l'intéressait plus. Il ne voulait pas la raison. Il voulait l'abandon. Il voulait connaître cette femme, s'attendrir avec elle, coller son corps contre le sien, sentir sous sa main le frémissement de sa peau. Il voulait le vertige. Il voulait la folie.

# 10

En pénétrant, ce soir d'octobre, dans le hall majestueux du palais Garnier qu'il découvrait pour la première fois, Louis éprouva une angoisse diffuse, comme s'il arrivait dans un pays inconnu, fragilisé et sans repères. Une foule compacte se pressait devant le premier contrôle de sécurité, hommes portant une veste élégante mais pour la plupart sans cravate, femmes en robes à la dernière mode, qui affichaient le port décidé des habitués des premières. Il repéra facilement le comptoir derrière lequel trônait un huissier en habit noir qui fouilla un moment dans un casier avant de lui tendre une enveloppe à son nom : le billet réservé par Marie, accompagné d'un programme offert aux invités. Il monta lentement le grand escalier, le nez en l'air, impressionné par les ors, les sculptures entrelacées dans la pierre, le lustre monumental, les candélabres… Tout racontait l'opulence et les privilèges. On venait assurément ici pour affirmer son appartenance à une caste et sacrifier à ses rites. Louis reconnut des personnalités du monde des arts, un ministre, quelques patrons de grandes entreprises, mais, lui avait dit Marie, ces derniers préféraient se montrer aux premières des opéras, événements indispensables dans le jeu d'apparence du pouvoir, le ballet étant supposé plus frivole, plus féminin, et ils ne manquaient pas d'expliquer leur présence par l'insistance dont avait fait preuve leur femme pour les y emmener : « Elle adore la danse. Moi, vous savez, je n'y comprends pas grand-chose. »

Louis se laissa guider par les appariteurs le long d'un large couloir sur lequel s'ouvraient les loges, et il se retrouva placé au centre du premier rang d'orchestre. Marie avait bien fait les choses. « Tu verras, tu aimeras », lui avait-elle dit, inaugurant le tutoiement. Il ne l'avait pas revue depuis ce fameux dîner, et il craignait maintenant de ne pas être à la hauteur ; que lui dirait-il s'il n'aimait pas le spectacle ? Pire, s'il s'ennuyait ?

Il contemplait le plafond naïf peint par Chagall et les balcons aux ornements extravagants. De son fauteuil, il avait vue sur la fosse d'orchestre où les musiciens en smoking noir s'installaient. Une clarinettiste aux longs cheveux se leva pour donner le *la*, et la lumière de la salle déclina. Le chef, un quadragénaire en queue-de-pie et à la chevelure forcément rebelle et abondante, jaillit du fond de la fosse, monta sur son estrade à moins d'un mètre de Louis, salua la salle sous les applaudissements, et se retourna vivement en levant sa baguette. Le silence s'installa.

Est-ce Marie ? Sur les notes nostalgiques d'un motet moyenâgeux, un couple vient d'apparaître dans la pénombre, lui en pantalon noir, elle, menue, rapide, vêtue d'un justaucorps mauve et d'un simple collant. Deux lianes qui se nouent, se séparent, se rattrapent, s'enroulent à nouveau pour former un seul être hybride, corps confondus. Lentement, les deux partenaires s'enfoncent dans le sol et disparaissent sous la scène. Sur un écran géant, on les aperçoit maintenant, filmés dans l'enchevêtrement de poutres souterraines... Un autre couple – était-ce le même ou son double ? – a surgi des ténèbres, s'enlace à son tour, entame lui aussi une longue séquence d'enroulements acrobatiques... Marie ! Oui, cette fois, c'est elle, il reconnaît son visage ovale, sa silhouette magnifiée par les éclairages, transportée par les voix des chanteurs, qui tournoie sur les épaules de son partenaire.

Le ballet, signé Jiří Kylián, était intitulé *Doux mensonges*. Rien ici n'était parlé. Mais tout était dit, comme lui avait justement expliqué Marie. Ce que racontaient les corps, c'était la difficulté d'être ensemble et celle de se séparer, ce que l'on dit et ce que l'on dissimule, l'amour et sa face cachée. Le jeu du couple et de son double, tantôt sur scène, tantôt en dessous, brouillait la frontière entre le réel et l'artifice, et, tels Orphée et Eurydice, ils remontaient à la lumière ou descendaient dans l'enfer des sentiments. De leurs enroulements passionnés émanaient une beauté puissante mais aussi une indicible douleur. L'homme et la femme semblaient déchirés entre tendresse et violence, entre affection et destruction. L'amour et la mort, unis dans une même tension. Finalement, le couple tentait de maintenir son union, suspendue au moment final comme s'ils voulaient l'inscrire dans l'éternité... Et Marie, superbe, s'effaçait dans une ultime arabesque.

Il eut quelques difficultés à sortir de la salle, gêné par la foule des spectateurs peu pressés de quitter les lieux, et il eut peur qu'elle ne l'attende pas. Il se rua dans le couloir qu'elle lui avait indiqué, déboucha par erreur dans une loge d'avant-scène, rebroussa chemin, trouva finalement la porte cadenassée qui donnait accès au plateau, et composa le code que Marie lui avait communiqué. Déjà, des techniciens s'affairaient, hissaient des éléments de décor, roulaient sans ménagement les longues bandes du tapis de scène... Il s'avança timidement, conscient d'être un intrus, et la vit, au milieu de la scène, de gros chaussons de laine aux pieds, un pull sur les épaules, princesse redevenue humaine et désormais fragile qui écoutait patiemment les remarques d'un maître de ballet. C'est elle qui vint vers lui et l'embrassa. Son visage, couvert d'une épaisse couche de fond de teint, luisait de transpiration.

— C'est gentil d'être venu, fit-elle.

Il bredouilla quelques mots stupides, dit qu'il avait été bouleversé, qu'il ne s'attendait pas du tout à cela, qu'il la remerciait...

— Il y a encore pas mal de choses à améliorer, déclara-t-elle en entraînant Louis vers le fond de scène. J'en ai pour quelques minutes. Le temps de me changer et de me démaquiller.

Quand enfin elle émergea de sa loge, vêtue d'une jupe à volants, ses longs cheveux blonds lâchés dans le dos, elle lui dit simplement :

— Viens.

Elle lui prit la main, et l'entraîna chez elle.

— Voilà ! C'est ainsi que cette histoire a commencé, conclut Louis, en jetant un regard timide à Miléna. (Qu'allait-elle penser de lui ? Il se sentait gêné de lui parler de ses sentiments pour une autre.) Que te dire de plus ? Quelque chose nous attirait, nous ne nous sommes pas posé de questions.

— Continue, fit Miléna. Je veux tout savoir. Tout !

— C'est difficile…

Il soupira, résigné.

— Bon. Avec Marie, ce fut tout de suite différent…

Ce soir-là, ils étaient restés une grande partie de la nuit ensemble, chez elle, dans son appartement aux couleurs de théâtre, coussins et tentures rouges, avides de s'écouter, poursuivant la conversation entamée lors de leur première rencontre. Ils s'étaient découverts lentement, retardant le moment qu'ils désiraient ardemment tous les deux. Il était parti à l'aube, après l'avoir enfin embrassée sur le seuil, un long baiser pour mettre un point de suspension à cet épisode et engager le prochain.

Quand il était venu la chercher chez elle pour leur deuxième rendez-vous, ils s'étaient immédiatement collés l'un contre l'autre, abolissant la distance physique qui leur était douloureuse, reprenant ce baiser qu'ils avaient interrompu. Sans un mot, elle l'avait conduit dans sa chambre.

Dès lors, ils ne s'étaient plus quittés. Ils se sentaient abandonnés quand ils étaient séparés, même pour quelques heures. Ils se téléphonaient sans cesse, et si l'un des deux ne répondait pas immédiatement, l'autre commençait à s'inquiéter.

— Que fais-tu ? J'ai envie de toi, disait-elle.

Ils n'avaient qu'un souhait : être ensemble. Seuls. Il leur arrivait de quitter précipitamment ce qu'ils étaient en train de faire, lui un cours à l'université, elle une répétition, pour se jeter l'un sur l'autre.

— Oui, c'est de la dévoration, approuvait-elle. J'ai envie de te manger.

Et elle le dévorait en effet, promenant ses dents sur lui, ogresse brûlante et inventive.

Ils ne cessaient de s'étonner de ce désir jamais assouvi, cette rage qui les projetait sans cesse l'un vers l'autre, cette envie furieuse de se fondre dans le corps de l'autre.

— Je te veux, répétaient-ils.

Et cela signifiait : je veux ton corps, je veux ton désir, je veux ton plaisir. Mais plus encore : je veux ne faire qu'un avec toi, je veux être toi. Parfois, leurs corps, trop sollicités, protestaient. Elle avait peur d'avoir mal, mais ils recommençaient, et l'appréhension était immédiatement balayée par cette faim obstinée qui renaissait encore dans les murmures, puis les cris. Il leur fallait un long moment pour émerger de leur fureur, la peau en feu, la tête vide, végétatifs et épuisés, mais toujours brûlants l'un de l'autre.

Avec d'autres femmes, Louis avait toujours entretenu une forme de distance. Longtemps, il avait cru qu'il devait suivre les stéréotypes supposés prouver sa virilité jusqu'au jour où une Californienne espiègle – plutôt lesbienne, avait-elle avoué – lui avait ouvert de nouvelles perspectives. Depuis, il adorait les explorations sensuelles, il aimait aller loin dans l'intimité et découvrir les secrets d'un nouveau corps. Mais quand la relation s'installait, quand les mots « toujours » et « jamais » étaient prononcés, il fuyait. Il éprouvait une peur panique face à l'insistance amoureuse, comme si on lui demandait de porter un fardeau trop lourd, et, très vite, il perdait pied. Il ne répondait plus au téléphone, écoutait les messages en se promettant de rappeler, mais laissait passer les jours tout en se maudissant de se comporter ainsi. Il finissait par éprouver une culpabilité telle qu'elle le paralysait. Il rompait ainsi, sans vraiment le dire, dans l'ambiguïté et la médiocrité, et il en nourrissait un remords durable, se disant de temps en temps qu'il faudrait appeler quand même, ou au moins écrire, sans jamais se décider à le faire. Parfois, il allait jusqu'à rédiger une lettre, pleine de mots généreux et affectueux, dans laquelle il ne formulait pas d'excuses – car sa conduite était inexcusable, affirmait-il, retors – et quémandait juste un peu de compréhension. Mais il ne l'envoyait jamais, et les lettres s'entassaient dans un tiroir comme autant de preuves de ses méfaits.

Il savait qu'il blessait profondément ses anciennes compagnes, il ne voulait certes pas leur faire du mal, mais il abandonnait, par paresse et par lâcheté. De toute façon, ses voyages incessants à l'étranger ne facilitaient pas les relations durables, c'est du moins ainsi qu'il se dédouanait. En réalité, il en souffrait, il vivait dans le regret des corps perdus et des êtres tendres qu'il avait connus et qui lui manquaient.

Marie, c'était une autre histoire. Presque une maladie, se disait Louis, ne cessant de s'interroger sur ce qui lui arrivait. Pourquoi, alors qu'il avait vécu jusque-là en s'accommodant de son indépendance, parfois de sa solitude, avait-il soudain un besoin vital d'être avec cette femme-là ? Pourquoi cette envie dévorante de son corps, de ce corps-là ? Ce corps de danseuse, si sensible, si douloureux parfois, si souple, si malléable. Il ne se lassait pas de l'admirer, dans la rue, quand elle marchait à ses côtés, chez des amis, chez lui, capturé par sa sensualité. Et, contre toute attente, le désir subsistait au fil des semaines, plus vivace que jamais.

— Nos corps sont des aimants, lui murmurait-il parfois.

— Nous sommes des aimants, répétait-elle, en s'amusant de ce double sens qui leur convenait si bien.

Ils s'offraient l'un à l'autre en obéissant à leurs instincts sans se poser de questions. Parfois, ils croyaient être saturés de volupté, mais non, toujours, ils recommençaient, de nouveau tenaillés par l'envie d'être remplis l'un de l'autre.

— Tu sais, ce plaisir qui va si loin, qui dure si longtemps, c'est comme la vie qui renaît, chuchotait-elle.

Cette brûlure persistante, ce désir obsédant, est-ce cela l'amour ? se demandait Louis, et ce sentiment-là le remplissait de joie et de peur.

# 11

Elle dansait. Et il la regardait. Quel était ce mystère ? Son tronc s'étirait, les muscles de ses jambes se modelaient, laissant apparaître des petits creux émouvants, pieds tendus sur leurs extrémités pour l'élever davantage encore. Une élévation, c'était bien de cela qu'il s'agissait.

Elle dansait. Et il ne bougeait plus, paralysé par l'admiration. Dans l'intimité de leur chambre, portée par un concerto de Mozart, elle évoluait dans un autre monde, les bras vers le ciel, une main légèrement inclinée dans ce geste gracieux qui fait la marque de l'élégance classique.

Elle dansait, les pieds en dehors, le cou tendu, les yeux mi-clos, le visage extatique comme dans le plaisir. Elle dansait pour lui. Et il en pleurait.

Sans même le décider, il avait fini par cohabiter avec Marie.

— Qu'est-ce que cela change après tout ? avait-elle tranché. Nous passons déjà tout notre temps ensemble.

L'arrangement évitait à Louis les trajets à l'aube. Mais leur vie n'en était pas simplifiée pour autant. Il travaillait tard à l'écriture de son livre, elle était soumise à la discipline de l'Opéra. Son corps à elle vivait une autre histoire, bien différente, et c'était maintenant avec une souffrance croissante qu'elle retrouvait chaque jour les contraintes de la danse. Elle travaillait ses rôles du mieux qu'elle pouvait, mais épuisée par ses nuits avec Louis, elle ratait souvent la classe du matin et s'essoufflait en répétition.

Lui, il venait la voir danser à Garnier certains soirs, et il prenait la mesure de l'art difficile de la danse, il découvrait la part d'obstination et de courage qu'elle exigeait quotidiennement. Sur scène, Marie était la plus belle, la plus attirante, et elle était à lui.

Cependant, au fil des spectacles, il éprouvait un malaise croissant à la voir engagée dans de voluptueux pas de deux avec ses partenaires.

— Ne crains rien, disait-elle parfois en plaisantant, celui-là n'aime que les garçons.

Ce qui ne le rassurait pas.

— Mais que se passe-t-il avec ceux qui aiment les filles ? demandait-il alors.

Un soir, en la contemplant dans un pas de deux particulièrement charnel où Marie, transformée en Manon Lescaut, mourait dans les bras de son amant, il éprouva une vraie douleur. Elle enlaçait son partenaire avec une telle fièvre, s'abandonnait avec une telle passion... Comment pouvait-elle se laisser ainsi aller sans ressentir quelque chose pour le danseur ? Pouvait-elle vraiment devenir une autre, le temps du spectacle, oublier totalement la Marie qu'elle était ?

Elle le rassurait, l'apaisait. Mais chaque nouvelle représentation ravivait son malaise. Par peur, par pudeur, ils n'avaient jamais vraiment abordé le thème délicat de l'« avant », avant leur rencontre. Mais, titillé par la jalousie naissante, Louis voulut savoir, et l'interrogea.

Marie lui révéla qu'elle n'avait pas connu beaucoup d'hommes avant lui – pas beaucoup, c'est combien ? interrogea-t-il –, que ceux-ci n'avaient pas vraiment compté – que veux-tu dire par « pas vraiment » ? s'entêtait-il. De ses propos, il ne retenait que les « pas beaucoup », les « pas vraiment », les « je ne me souviens plus », toutes ces imprécisions qui l'inquiétaient. Alors, il en demandait davantage, posait de nouvelles questions, et trouvait dans les nouvelles réponses de quoi alimenter un tourment croissant.

— Je l'ai à peine connu, précisait Marie en évoquant un amour d'autrefois.

— Qu'est-ce que cela veut dire « à peine » ? rétorquait Louis d'une voix blanche.

Petit à petit, il s'enfonçait dans une spirale dangereuse, réclamant toujours plus de détails, obstiné à prouver que ce qu'ils vivaient et ce qu'ils faisaient n'appartenait qu'à eux, que leurs gestes si familiers, si intimes, n'avaient pas été accomplis avec un autre corps. Il savait bien que sa quête était vaine. Marie avait vécu avant lui, c'était ainsi. Pourtant, pour se sentir en confiance totale avec elle, il avait besoin de l'entendre déprécier ce passé qui lui faisait mal, et il persévérait. Si, poussée dans ses retranchements, elle lui répondait en hésitant, alors il se remettait à tourner comme un insecte affolé, quémandait encore des précisions, sachant que celles-ci lui seraient insupportables.

Au cours de leurs longues luttes verbales, ils se tenaient à distance, crispés comme deux étrangers. Puis venait le moment, au bout de la nuit, qui les voyait prostrés, à bout d'arguments. Alors, leurs corps reprenaient le dessus, ils se rapprochaient et se retrouvaient.

Ces nuits de folie épuisaient Marie. La privation de sommeil l'handicapait de plus en plus. Elle manquait maintenant de forces et se faisait fréquemment réprimander lors des répétitions. Au cours des semaines qui avaient suivi leur rencontre, elle n'avait pas fait partie des dernières distributions – l'Opéra entamait une longue série de ballets classiques, et on lui réservait plus volontiers des rôles contemporains –, ce qui lui avait permis de consacrer beaucoup de temps à Louis. Mais, cette fois, le programme s'intensifiait, et elle peinait.

Parfois, ils évoquaient le moment où ils s'étaient découverts, ce dîner agité pendant lequel ils s'étaient isolés. C'était l'instant zéro de leur histoire, leur Big Bang intime, l'origine des mythes qu'ils s'étaient inventés. Un jour, Louis évoqua ce « crétin de photographe » avec lequel il s'était brièvement accroché ce soir-là, et qu'elle connaissait avant lui. Marie fut évasive, ce qui éveilla son soupçon. Il la bombarda de questions, toujours plus insistantes, et elle lui avoua qu'elle avait eu autrefois une liaison – « courte » – avec l'individu. Il en fut catastrophé. Comment avait-elle pu se donner à un tel personnage ? Qu'avait-elle bien pu lui trouver ? Laid, vulgaire, prétentieux… N'avait-elle donc pas compris quel type d'homme il était ?

Jaloux ? Non je ne suis pas jaloux, plaidait-il quand Marie tentait de clore ces douloureuses conversations. Comment pourrais-je être jaloux d'une histoire qui n'existe plus ? Il l'était, bien sûr, et il souffrait, oui, il souffrait en l'imaginant collée contre ce primate, lui offrant son corps si tendre, si fragile, tolérant ses pattes lubriques sur sa peau. Pourquoi celui-là ? N'était-ce pas le pire choix qu'elle pouvait faire ? Il lui en voulait d'avoir été si faible, si mal avisée. Non, elle ne pouvait pas l'avoir aimé, n'est-ce pas ? Qu'est-ce qui avait bien pu l'attirer chez lui ? Sa force, sa morgue, son assurance ? Allons, elle était comme toutes les femelles, aimantée par les mâles dominateurs, toujours prêtes à se soumettre.

Marie ne répondait pas, éludait une fois encore les questions, par peur de raviver ce feu. Elle reprochait à Louis ses intrusions dans sa vie d'autrefois et refusait d'être traitée en coupable.

— Tout cela appartient au passé, répétait-elle.

Elle finit un jour par admettre qu'elle s'était trompée, qu'elle éprouvait des regrets, lui jura que, si elle pouvait revenir en arrière, elle ne commettrait plus une telle erreur, et ses concessions apaisèrent Louis. Leurs nuits redevinrent plus sereines, Marie reprit des forces.

Son prochain rôle était un événement. Pour la première fois, elle devait interpréter le rôle-titre dans le *Giselle* du chorégraphe suédois Mats Ek, une réécriture contemporaine du célèbre ballet classique. C'était un défi qu'on lui lançait, mais aussi un honneur qu'on lui faisait. Si elle était à la hauteur, cela pourrait peut-être lui donner un titre d'étoile… Elle se préparait avec minutie, et elle était allée en Suède répéter avec le maître lui-même pendant une dizaine de jours, première et douloureuse séparation avec Louis.

Ce soir-là, devant l'entrée du palais Garnier, plusieurs personnes brandissaient des pancartes « Cherche une place », et Louis en ressentit de la fierté. Le spectacle affichait complet. C'était pour voir Marie que cette foule se pressait, elle allait être le centre de la soirée, l'objet de tous les regards…

Dès le lever de rideau, Marie surgit d'un bond, béret sur la tête, dans un décor naïf de bande dessinée, une île tropicale évoquant une femme nue étendue, avec des collines en forme de seins et des plantes exubérantes, métaphore angélique de la sensualité. Dans ses mouvements, quelque chose, tout de suite, transparaissait, la fragilité, l'innocence… Elle gambadait, insouciante, reine de son petit royaume, sautillante comme une enfant, s'amusant de tout.

Soudain, une troupe d'hommes survient, sombres et portant fourche, et Giselle se fige, le corps penché en avant, les bras ballants comme une poupée de chiffon, vidée de sa vitalité, image du désarroi, bientôt manipulée comme un paquet avec brutalité. La pulsion mammifère à l'œuvre, se dit Louis, et le corps de la femme, ce corps désirable et fragile, en est la cible. Un noble citadin habillé de blanc, attiré lui aussi par la sensualité violente des lieux et par l'innocente, la prend à son tour et en fait son jouet, et elle, la pauvre, la naïve, ne comprend pas qu'il se rit d'elle, et se pâme pour le bel étranger. Amour, idylle, serments… et, bien sûr, trahison. Quand, à la fin de l'acte, Giselle comprend que l'on s'est moqué d'elle, que son monde enchanté s'est effondré, alors son corps se brise, ses membres ne répondent plus, et son esprit délaisse le monde cruel des hommes.

Lorsque le rideau se baissa sur le premier acte, la salle était conquise. Marie composait une Giselle crédible, émouvante, et, dans les couloirs, on parlait d'elle avec des mots élogieux qui flattèrent Louis. Le livret du programme présentait plusieurs photos, certaines prises pendant les séances de répétitions. L'une d'elles la montrait, saisie en plein saut, dans un studio de Stockholm. Le visage extatique, les deux bras tendus vers le ciel, les jambes repliées sous elle, Marie semblait s'envoler. Image magnifique, se dit Louis en cherchant la mention de l'auteur sur le bord du cliché. Et soudain, il blêmit : c'était lui, le photographe maudit, l'ancien ami de Marie… Elle avait pourtant affirmé ne l'avoir jamais revu… Il était à Stockholm avec elle. Marie lui avait menti…

Il regagna son siège en tremblant, la poitrine lourde, paralysé par un froid intérieur.

Le deuxième acte s'ouvrait sur un décor clos et glacial, une pièce fermée parsemée de morceaux de corps stylisés, symbole de l'être fragmenté : l'asile où était enfermée l'héroïne, anéantie, chemise de nuit blanche et bandeau autour de la tête. Marie errait sur la scène, hébétée, loin du monde des humains. Et si loin de lui, se disait Louis, au bord des larmes… Le regard absent de Marie, ses gestes cassés, ses sauts déhanchés rendaient plus sensible encore son égarement mental et physique, et lui, sur son siège, il se sentait comme elle, brisé par la douleur, assommé par la trahison.

Soudain, face à l'amant repentant, accablé par le remords, Giselle semble retrouver un peu de vitalité, mais non, leurs corps ne peuvent que s'agripper en vain, sans retrouver la tendresse d'autrefois. Alors, tandis que la jeune femme se replie sur sa vie intérieure et se ferme définitivement au monde, l'homme, nu, se recroqueville comme un fœtus, avant, peut-être, de se réinventer une innocence, et c'était encore lui, Louis, qui se voyait dénudé, dépouillé, dépossédé de tout.

Marie lui avait menti, Marie l'avait trahi… Il se leva, profondément touché par le spectacle qui montrait à la fois la force de l'amour et celle de son anéantissement. Il crut comprendre que les spectateurs autour de lui étaient eux aussi ébranlés. Les applaudissements se prolongèrent plus qu'à l'accoutumée, rappelant plusieurs fois les danseurs pour les saluts et ovationnant Marie, le visage tendu, qui s'inclinait en murmurant des mercis.

— Je n'arrive pas à sortir du rôle, lui confia-t-elle un moment plus tard, dans sa loge, en s'efforçant de sourire.

Il lui dit qu'elle avait été bouleversante, qu'il n'avait entendu que des compliments dans la salle, qu'elle était devenue une grande danseuse… Des mots doux, rassurants, car il savait combien est lourd le doute qui assaille les artistes au sortir de la scène. Mais à mesure qu'il parlait, il sentait un poids dans la poitrine, une douleur insistante. Marie, symbole de l'innocence ? Marie l'avait trahi.

Ce n'est que le lendemain, au réveil, après une nuit tourmentée, qu'il osa lui poser la question. Elle resta un moment silencieuse, gênée.

— Je ne savais pas qu'il faisait partie du voyage, commença-t-elle. La séance photos était prévue depuis longtemps, mais on ne sait jamais à l'avance quel est le photographe choisi.

— Pourquoi ne me l'as-tu pas dit ?

Il avançait ses questions prudemment, le cœur battant, craignant la réponse. Elle hésita une fois encore.

— Ce n'était pas important.

— Si, ça l'était. Vous vous êtes parlé ?

— Il a pris ses photos. C'est tout.

— Cela a duré longtemps ?

— Une partie de la matinée, mais qu'est-ce que ça peut faire ?

— Vous étiez dans le même hôtel ?

— Je ne sais pas… Je ne sais pas où il était…

— Vous ne vous êtes pas revus après ?

— Il était là pour les photos, c'est tout.

— Mais enfin, il a quand même essayé de te voir. Ce serait étonnant qu'il n'ait pas voulu dîner avec toi, ou quelque chose comme ça…

— Il ne l'a pas fait, c'est tout.

— Il revoit son ancienne amie, prend des photos, et c'est tout ?

— Oui.
— Je ne le crois pas.
— S'il l'a fait, j'ai refusé.
— Ah, tu vois, il a voulu te revoir !
— Je ne me souviens plus très bien, c'était il y a deux mois déjà. Comment veux-tu que je me rappelle chaque mot ?
— Il a forcément voulu te revoir.
— Il ne s'est rien passé, Louis. Arrête.
— Mais si, il s'est passé quelque chose. On ne revoit pas son ex comme ça. Surtout celui-là ! C'est un chasseur, un prédateur. Les photographes sont comme ça : ils traquent les femmes avec leur objectif comme d'autres tirent des corneilles. Et ils se pavanent avec leur gilet à poches en se donnant des allures de reporters de guerre ! Ce sont tous les mêmes : arrogants, bouffis de testostérone, des primates qui se frappent la poitrine pour se payer les guenons !
— Ton livre te monte à la tête, Louis.
— Cela n'a rien à voir avec le livre. C'est la réalité. Le problème, d'ailleurs, ce ne sont pas les chasseurs, mais les femmes, ces oies blanches, qui se laissent séduire. Ah, c'est pratique, un appareil photo ! Un projecteur, un studio, et les filles s'allongent aussitôt ! Et on ne voit pas assez tes jambes, oui, montre un peu plus tes seins…
— Arrête, Louis, tu dérailles !
— Tu sais parfaitement que cela se passe comme ça. Tu es même bien placée pour le savoir !
— Je ne veux plus parler de tout cela.
— Alors, dis-moi si tu l'as vu après la séance photos. Juste ça…

Marie resta une fois encore silencieuse. Puis elle dit à voix basse :

— On est juste allés prendre un verre, c'est tout.

— Ah, tu vois, j'avais raison ! J'en étais sûr... Il voulait te revoir, évidemment. Et qu'est-ce qu'il t'a dit ?

— Je ne me souviens plus. On a parlé de tout et de rien. Rien d'intéressant.

— C'est commode de ne pas se souvenir. Il t'a draguée, évidemment.

— Mais non.

— Bien sûr que si ! Ce serait tout à fait aberrant qu'il ne l'ait pas fait. Tu restes une proie, Marie. Et tu étais seule. Je ne vois pas pourquoi il n'aurait pas essayé d'en profiter.

— Arrête, s'il te plaît. Je t'ai tout dit. Que veux-tu de plus ?

— Dis-moi s'il t'a draguée, si vous avez parlé d'avant...

— Je ne sais plus, je ne crois pas. Nous avons parlé de la danse, des photos, je crois. Arrête, arrête !

Marie se mit à crier, répétant « Arrête ! Arrête ! » d'une voix hystérique, puis elle se tut, se recroquevilla dans un coin du salon, les genoux serrés contre sa poitrine, comme si elle voulait s'amenuiser et disparaître. Elle pleurait en silence, épuisée par ce dialogue fébrile, le corps, déjà meurtri par le spectacle de la veille, saisi de tremblements. Soudain, il eut peur, il comprit qu'un mot de plus pourrait la briser, et il se tut à son tour. Devant lui, il voyait maintenant Giselle, si vulnérable, anéantie par la brutalité des hommes, et il se reprocha de l'avoir agressée avec ses questions.

Mais au fil des jours, elles revenaient, ces questions, elles se ravivaient comme des braises, et il repartait à l'assaut. Il comprenait qu'il s'était construit une Marie idéale, une image de femme parfaite qu'elle n'était pas – qui l'était ? Il lui reprochait cependant de l'avoir laissé se bercer d'illusions, de n'avoir rien fait pour le contredire. Quand une mauvaise pensée lui venait à l'esprit, il s'efforçait de la balayer, mais l'oiseau noir tournoyait inlassablement dans sa tête jusqu'à ce qu'il finisse par formuler de nouvelles questions pour sonder la sincérité de Marie. Elle, elle voyait venir ces interrogatoires avec terreur. Quand ils s'amorçaient, elle se repliait, protestait un moment, puis se laissait entraîner dans la spirale infernale, se sentant de plus en plus coupable et misérable.

C'était toujours leurs corps qui les réconciliaient. Le désir était là, qui résistait à leurs descentes aux enfers, indifférent, déconnecté de leurs pensées. Alors, ils s'accrochaient l'un à l'autre comme deux naufragés, pressés d'estomper toutes ces pensées maléfiques et de redevenir des enfants.

A ce régime, Marie s'étiolait. Elle n'avait eu droit qu'à deux représentations de *Giselle* – il lui fallait partager le rôle avec une étoile – et on lui avait fait comprendre qu'elle avait déjà eu beaucoup de chance de pouvoir le danser. Elle n'avait pas de nouveaux spectacles prévus dans les jours à venir.

C'était la nuit que Louis retrouvait ses fantômes. L'écriture de son livre l'obsédait, mais elle se mêlait dans ses pensées aux doutes qu'il nourrissait à l'égard de Marie. Celle-ci dormait à côté de lui, nue, désirable, et sa présence qui, il y a peu, était un ravissement devenait maintenant une douleur diffuse.

A l'évidence, elle ne lui avait pas tout dit sur son séjour en Suède. Il sentait, à sa manière de lui répondre, que quelque chose n'allait pas. Mais à peine saisi par cette idée mauvaise, il se reprenait et se maudissait aussitôt de la soupçonner ainsi. Non, elle ne pouvait avoir fait cela, son imagination le faisait délirer. Comme il était ingrat de la mettre ainsi en doute ! Marie était droite, fidèle, loyale, elle ne pouvait pas avoir cédé, et quelle raison aurait-elle eue de le faire ? Pourquoi suis-je aussi angoissé ? se demandait-il. Et puis, sa gorge se serrait à nouveau, quelque chose au fond de lui disait que, si, il avait de bonnes raisons de s'inquiéter, ce qu'elle lui avait dit n'était pas cohérent, elle ne lui disait pas tout, non, elle ne lui disait pas tout… Si elle avait menti une fois, pourquoi ne l'aurait-elle pas fait à nouveau ? Le balancier repartait de l'autre côté, et le doute revenait comme un gaz délétère.

Au cours de ses insomnies, il se répétait inlassablement les questions qu'il voulait poser à Marie. Si je l'interroge et que ses réponses me rassurent, se disait-il, alors je pourrai vivre en paix. Mais si j'apprends l'insupportable, que ferai-je alors ? Exiger la vérité, c'était courir le risque de se condamner à l'enfer. Rester silencieux, c'était laisser place à l'incertitude qui le rongerait à petit feu. Non, il n'avait pas d'autre choix. Pour retrouver la paix, il fallait en finir, aller au bout du chemin, même s'il rencontrait le pire.

La soirée fut terrible. Louis commença son parcours inquisiteur, traquant la moindre hésitation de Marie, prenant sa lassitude pour une dérobade, son irritation pour un aveu, rebondissant sur chaque imprécision, exigeant le moindre détail.

Alors, à bout de forces, elle lui dit dans un cri. Oui, il s'était passé quelque chose avec le photographe ! Oui, elle était restée une nuit avec lui ! Voilà, c'était dit maintenant... Et elle partit dans un long monologue, s'exprimant d'une voix monocorde comme sous hypnose, sans lui laisser le loisir de l'interrompre. Oui, elle avait cédé, il avait été doux, nostalgique, les choses s'étaient déroulées sans qu'elle en ait vraiment conscience, il l'avait emmenée dans sa chambre d'hôtel, et voilà, ce ne fut rien pour elle, juste un peu de douceur, à peine du plaisir, rien à voir avec ce que nous avons vécu, Louis, rien, je te le jure, rien à voir avec nous.

— Pourquoi ? implora-t-il. Mais pourquoi ?

— Je ne le sais pas moi-même, murmura-t-elle. Par lassitude, par faiblesse... Pour rattraper, peut-être... Pour réparer...

— Rattraper quoi ? Réparer quoi ?

— C'est moi qui l'avais quitté autrefois. Je me sentais coupable. Il avait été gentil avec moi à un moment où j'étais si seule, j'avais tellement besoin d'affection. Je l'ai quitté pour toi, Louis. Avec dureté... En Suède, je crois que j'ai voulu, sans le comprendre vraiment, effacer le mal que je lui avais fait. Ce qui s'est passé là-bas n'était rien, ce n'était pas important.

— Pas important ? Te rends-tu compte de ce que tu dis ?

— Ça n'était pas important pour moi, Louis. Tu ne peux pas le comprendre ; non, ça ne l'était pas. Mais maintenant que tu le sais, c'est devenu un fardeau insupportable. Il fallait nous taire, rester silencieux, pour que nous puissions repartir de zéro. Nous étions tous deux innocents. Maintenant, Louis, nous sommes morts.

# 12

Les yeux fermés, Louis se laissait aller au rythme des vagues, comme si elles pouvaient effacer les souvenirs. Mais le visage de Marie s'imposait, et il entendait l'écho lointain de sa voix triste et résignée. « Morts, Louis, nous sommes morts... »

Il avait interrompu son récit qu'il avait débité d'une voix basse, le regard dans le vide, et Miléna l'avait écouté sans bouger.

— Je ne sais pas pourquoi je te raconte tout cela, je ne l'ai jamais avoué à personne, tu sais... J'ai honte.

Le soleil déclinait sur la mer ; au loin, quelques rares personnes se baignaient, des enfants couraient derrière un ballon, quelques mouettes se disputaient sur le sable.

Miléna ne répondit pas tout de suite. Louis avait parlé de cette femme avec une telle passion, un tel amour... Elle se sentait soudain étrangère, loin de lui. Non, elle ne faisait pas partie de cette histoire-là. Elle n'était qu'une spectatrice. Comme d'habitude. Curieusement, elle n'avait pas envie de le plaindre, et elle lui en voulait presque d'avoir été aussi sincère.

— Je crois que je comprends un peu Marie, osa-t-elle. Ce n'est pas facile d'être une femme, tu sais. Cela implique des compromis, des lâchetés... Pour elle, ce n'était pas vraiment une trahison. Et puis, ce photographe était un beau salaud, il a voulu lui montrer qu'elle était sa propriété... Il aurait mieux valu que tu n'en saches rien, tu es trop entier, trop virulent... En gardant son petit secret, en tentant de l'oublier, elle voulait sauvegarder sa dignité mais elle cherchait aussi à te préserver. Elle avait raison de vouloir conserver ce fardeau pour elle plutôt que de t'en charger. Le mensonge n'était pas une solution très digne, mais c'était la meilleure...

— Je le sais, fit Louis, je le sais...

— Peut-être aussi que cette histoire n'était pas vraie... Peut-être te l'a-t-elle racontée pour en finir, pour que tu arrêtes enfin de la questionner...

Louis, glacé, ne répondit pas.

— Il faudrait pouvoir tout dire, poursuivait Miléna, traquer la moindre scorie, mais c'est impossible. Nous sommes tous pris au piège de la sincérité. Voués à mentir. Ou à souffrir.

— Et nous, alors ? réagit Louis. C'est exactement ce que nous sommes en train de faire : tout nous dire... C'est ce que tu as voulu, non ? A quoi ça sert ?

— Intimes et étrangers, lui rappela Miléna, en lui caressant la joue. Nous, nous nous tenons sur cette ligne invisible... Il faut que tu ailles au bout maintenant. Tu n'as rien à craindre de moi.

— Je m'en suis tellement voulu, reprit-il. C'était moi, surtout, que je ne comprenais pas...

Pendant les longues périodes d'insomnie qui avaient suivi la révélation, il n'avait cessé de s'interroger. Si elle m'aime, se disait-il, pourquoi s'est-elle donnée à ce photographe ? Une fois encore, il repartait dans son cycle infernal. Il voyait les mains de Marie allant et venant sur le torse de l'homme, sur son ventre… Il en avait la nausée. Ce qu'il ne supportait pas, ce n'était pas tant l'idée qu'un autre homme ait serré son corps contre celui de la femme qu'il aimait, qu'il soit entré en elle, mais qu'elle l'ait souhaité, qu'elle y ait collaboré, et surtout, pis encore, qu'elle l'ait accepté sans amour, par compassion ou par soumission. Non seulement elle l'avait trahi, lui qui l'aimait de tout son être, mais elle s'était trahie elle-même…

A moins que… A moins qu'elle n'ait précisément voulu cette transgression, qu'elle n'ait recherché la brutalité soudaine du désir de l'autre… Horrible pensée ! Elle dans les bras de l'autre, ni contrainte ni soumise, mais active, volontaire, espérant la domination de l'autre, offrant son corps parce qu'elle le voulait profondément, parce qu'elle aimait sentir la force animale, parce qu'elle y trouvait du plaisir…

Il regardait Marie, endormie, à côté de lui, si fragile, si précieuse, et alors, l'oiseau noir s'éloignait, il s'attendrissait. Il se reprochait son acharnement, sa stupide obsession de la sincérité. Tout le monde, après tout, faisait des erreurs, tout le monde se trompait, et il avait lui aussi sa part de noirceur. Pourquoi lui jeter la pierre ? Il se maudissait. Marie avait raison : c'était lui, le problème, pas elle. Ne pouvait-il pas passer outre ? Ce qui s'était produit là-bas était un épisode douloureux, mais était-ce si important ? Oui, il faisait fausse route, il accordait un poids excessif à la sexualité. Il ne fallait pas qu'il l'accable, mais au contraire qu'il la comprenne, qu'il la protège. Et puis, Marie l'aimait, cela ne faisait aucun doute. N'était-ce pas la seule chose qui comptait ?

Il se sentait écartelé, pris entre ressentiment et compassion, entre la réalité de sa souffrance et la honte de la ressentir, ne sachant plus s'il était coupable ou victime. Même si la peine qui l'accablait ne lui paraissait pas légitime, elle était là, malgré lui, insistante, récurrente, et il ne pouvait l'effacer.

Ils étaient tous les deux coupables. Tous les deux victimes. L'explosion passée, Marie s'était murée dans un silence réprobateur. Elle lui en voulait de l'avoir obligée à avouer son erreur, elle se reconnaissait vaincue, répétait qu'elle était mauvaise et vile, se salissait à l'excès. « Je suis une salope, répétait-elle, il n'y a rien d'autre à chercher. » Curieusement, les choses s'étaient retournées contre lui. C'était lui, désormais, qui apparaissait comme le responsable de cette situation, lui qu'il était légitime de condamner. Drapée dans sa culpabilité, Marie était devenue inaccessible.

A l'Opéra, la situation empirait. Marie avait de plus en plus de difficultés à suivre les répétitions du nouveau ballet. Alors qu'autrefois elle apprenait les séquences de mouvements avec une habileté stupéfiante, il lui fallait maintenant reprendre plusieurs fois les mêmes pas avant de les maîtriser, et elle progressait lentement. A la maison, parfois, elle semblait éteinte, vidée de son énergie, et Louis la revoyait une fois encore en Giselle, le corps courbé, les bras ballants, la frêle Giselle qui se murait dans la folie pour fuir le monde des hommes. Une poupée de chiffon, voilà ce qu'il en avait fait ! Une poupée sans espoir qui abdiquait et renonçait à lutter. Il la revoyait aussi, la première fois où il l'avait vue sur scène, dans ce ballet au nom prémonitoire, *Doux mensonges*... Ce couple qui s'enroulait, puis se perdait dans l'enchevêtrement des poutres, ce couple de l'ombre et de la lumière... Le déchirement qui s'était alors joué devant ses yeux, c'était le sien, et celui de Marie.

Lui, il aurait voulu qu'ils arrivent tous deux à une forme d'accord, comme une répartition des torts. Mais un compromis n'était plus possible. Ce n'était pas la raison qui était en cause. C'était le corps, cette fois, qui imposait sa loi et maintenant se rebellait. Petit à petit, ils devenaient des étrangers l'un pour l'autre. Oui, il aurait été préférable de ne pas savoir, quitte à vivre avec le doute, en payant seulement le prix par des moments d'insomnie. Mais il était trop tard.

Alors que faire ? Vivre sans Marie, sans son corps contre le sien la nuit, sans leurs confidences, leurs discussions, leurs échanges brûlants ? Vivre avec Marie, avec ses gestes désormais retenus, les mots ambigus, les non-dits, peut-être la réprobation, le dégoût ? Jamais, se disait-il, ils ne pourraient revenir à l'état antérieur, à cette innocence partagée qui les avait rendus si heureux. Marie avait raison : leur amour était cassé. Tué par le plaisir, tué par le corps. Le maudit corps avait pris le pas sur ses sentiments. Ils étaient morts.

— Voilà, nous nous sommes quittés, poursuivit Louis sans oser regarder Miléna. Que te dire de plus ?

Le regret comme une plaie à vif, les nuits blanches, ce vide dans la poitrine, le manque, le terrible manque de son corps, le sentiment d'être écorché… Comment raconter ?

— J'étais hanté par les fantômes, envahi par des images qui me rongeaient… J'ai voulu que tout s'arrête, que tout soit coupé. Ensemble, nous ne pouvions plus que nous détruire. Oui, nos corps étaient morts… Il fallait nous reconstituer chacun de notre côté, nous rééduquer, seuls, comme après un grave accident, et nous désintoxiquer l'un de l'autre. Je suis parti…

— Définitivement ? Sans retour ? demanda Miléna.

— Un soir, mon portable a sonné, son prénom s'est affiché… Je me suis mis à trembler, je n'ai pas répondu, j'ai fui comme un alcoolique repenti à qui on tend un verre de whisky. Elle n'a pas laissé de message.

— C'est une histoire triste, avança Miléna, hésitante.

Louis reprit, la voix blanche :

— Quelques semaines plus tard, l'une de ses amies de l'Opéra m'a appelé… Elle… elle m'a dit que Marie avait eu… un accident à Garnier…

Il hésita encore, le souffle court.

— … qu'elle était tombée de la fenêtre de sa loge, après le spectacle.

— *Oh, my God !* cria Miléna.

Louis resta un moment silencieux, puis il reprit lentement, d'une voix mécanique :

— C'est un vieux bâtiment, le garde-corps était placé trop bas, si bien qu'en se penchant, on pouvait facilement perdre l'équilibre. Enfin… C'est la version officielle… Elle est morte pendant son transport à l'hôpital… Il y a eu des articles sur elle dans la presse, bien plus qu'elle n'en avait jamais eu. On parlait d'elle comme d'une danseuse rare et prometteuse, fauchée en pleine ascension, une future étoile qui aurait pu marquer l'histoire de sa génération. L'un d'eux la qualifiait d'interprète exceptionnelle, « une Giselle sublime d'innocence ». Elle aurait été heureuse de lire ça.

— *My God*, répéta Miléna.

Elle se sentait glacée, paralysée. Plus étrangère que jamais. Que dire ? Il n'y avait rien à dire.

— Je l'ai tuée, fit Louis. Voilà. Je l'ai tuée… Je n'ai plus grand-chose à raconter maintenant.

— Je suis désolée… dit Miléna au bout d'un long moment. Je ne savais pas… Je n'aurais jamais dû te replonger dans tout cela.

— J'avais sans doute besoin de le confier à quelqu'un. C'est fait. Le temps a passé. Ce n'est plus la même chose. Et je ne suis plus la même personne.

Sans en avoir conscience, ils s'étaient levés tous les deux et marchaient en silence le long du rivage. Les gens commençaient à déserter la plage, le soir s'annonçait. Ils devaient se rendre au dîner organisé pour les auteurs. Impossible d'y échapper. Mais ils avaient envie de s'attarder pour laisser tous ces mots décanter lentement.

Miléna s'en voulait. Pourquoi avait-elle poussé Louis à

ces confidences ? L'histoire de Marie la révoltait, et elle regardait à présent Louis avec appréhension. Pourtant des années avaient passé depuis... A quoi bon fouiller de telles douleurs ?

— Ça va maintenant, la rassura Louis, ça va. Je me suis transformé, comme tu le vois, en ours aigri et misanthrope. Quand je me suis senti un peu plus fort, je me suis jeté comme un forcené dans l'écriture de mon livre et dans les voyages.

— Tu es reparti dans le désert ?

Louis hocha la tête.

— On dit que le désert purifie, qu'on en revient lavé, nettoyé de tous les poisons qui nous étouffent. Ce n'est pas vrai... Le désert ne nous aime pas. Il ne nous rejette même pas. Nous lui sommes indifférents. Le désert, c'est l'oubli. C'est l'éternité, un monde immobile. Chaque jour est le même jour. Chaque nuit est la même nuit. C'est ce que je voulais : l'oubli. Je voulais m'oublier.

Soudain, il eut envie de se trouver là-bas, dans la chaleur âcre et stérile des paysages lunaires. Il voulait foncer à nouveau les yeux fermés en appuyant de toute sa force sur l'accélérateur de la vieille Land Rover, entendre les coloquintes exploser sous les roues, foncer sur la terre craquelée du Sahel en hurlant dans le vide. Il voulait retrouver les nuits glaciales, marcher sous les milliards d'étoiles, écrasé par le poids du ciel, et n'être plus qu'une poussière pour se dissoudre dans l'Univers.

Mais ni le ciel ni le désert n'avaient voulu de lui. Il finissait toujours par sentir son corps, ce maudit corps plaintif, transpirant, frissonnant, qui avait trop chaud, trop froid, trop mal, qui refusait d'être abandonné, et exigeait que l'on s'occupe de lui. Enfermé dans ce corps comme dans une cage. Et l'incessante plainte de ce corps le ramenait inexorablement vers les vallées, là où les premières taches de verdure s'élevaient derrière les murs de pierre, là où les sons, soudain, renaissaient, bourdonnements d'insectes, bêlements de moutons, puis premiers cris d'enfants, ronflement d'une machine, là où il redevenait humain.

En France, il avait cherché l'oubli dans l'écriture. C'était son désert à lui, une autre solitude qu'il avait organisée dans son petit bureau garni de livres du sol au plafond. Là, il s'isolait dans son monde peuplé de mammifères enchaînés à leur sexe, voyageait dans l'histoire des hommes, et élaborait avec minutie ses thèses accusatrices. Il prêchait devant son ordinateur du matin au soir, et plus souvent du soir au matin, en se soûlant de mots. *La Malédiction mammifère* lui avait pris des années de travail, mais une fois le livre achevé et publié, il avait tourné la page, et ses théories lui semblaient maintenant lointaines, voire étrangères. Il avait eu beaucoup de difficultés à s'y replonger pour se prêter aux exigences de la promotion. Jusqu'à ce qu'apparaisse Miléna…

— Regarde là-bas, fit soudain Miléna, en pointant le doigt vers le rivage.

Au loin, une silhouette familière émergeait d'une nuée de mouettes qui se chamaillaient en piaillant : Gringoire. Tourné vers la mer, les cheveux hérissés par le vent, il semblait avoir été posé là, comme la statue d'un dieu triste et facétieux.

— Je crains de ne plus le revoir, murmura Miléna.

La silhouette s'était mise en mouvement et s'éloignait lentement, péniblement, légèrement penchée en avant, la veste gonflée par le vent. Comme il semblait soudain fragile, le prestigieux géant ! On l'aurait dit prêt à s'envoler pour aller jouer avec les oiseaux de mer tel un gros ballon lâché par une main imprudente.

Ils restèrent un moment silencieux, en regardant cette forme étrange s'amenuiser. Ils étaient arrivés à l'autre extrémité de la plage, et le sable cédait la place à une longue bande de rochers gris. Ils avaient sauté de l'un à l'autre pour éviter les poches d'eau, en se tenant par la main comme deux enfants, et s'étaient assis un moment face à l'horizon, mélancoliques eux aussi.

— Moi, j'ai toujours eu besoin de la mer, reprit Miléna pour tenter d'égayer la conversation. C'est mon désert à moi.

— Oui, c'est curieux, ce désir qu'ont les gens de migrer sans cesse vers le rivage, commenta Louis. Une nostalgie ancrée dans nos gènes, peut-être... Comme si l'on voulait retourner à nos origines, loin des animaux à sang chaud.

— Imagine... On se promènerait dans les abysses en chevauchant des dauphins, tenta de plaisanter Miléna.

Un petit crabe sortit d'une fissure du rocher, puis, troublé par leur présence, fit demi-tour et s'enfouit vivement dans la pierre. Louis sourit.

— Je te vois bien en sirène. La nuit, tu chanterais

auprès des bateaux pour attirer les marins et les entraîner dans les profondeurs.

— Dieu me préserve des hommes et des marins ! répondit la sirène en rejetant ses cheveux en arrière. Il y en a déjà assez sur terre !

Le crabe était à nouveau sorti de son refuge. Il effectuait de brusques avancées, puis se figeait soudain pour se confondre avec le rocher.

— Pendant longtemps, on a tourné le dos à la mer, philosopha Miléna. On en avait peur, on ne voulait pas voir ce qu'il y avait en dessous. On pensait que des monstres maléfiques guettaient, prêts à nous avaler.

— Aujourd'hui, on a toujours peur d'aller fouiller en dessous des choses, fit Louis d'une voix sombre.

La mer entrait par intermittences dans une anfractuosité du rocher, s'insinuant sur toute la longueur de la fissure puis se retirant.

— Tu vois cette cavité ? reprit Louis. Voilà comment se déroule notre destin.

— Je ne vois pas bien le rapport, excuse-moi, fit Miléna, amusée. Je parie que tu as encore une théorie fumeuse là-dessus.

— Regarde, chaque vague suit toujours le même chemin, elle remplit les mêmes creux, les mêmes fissures, et, ce faisant, elle les creuse davantage. Il y a donc une sorte d'inclination immuable qui renforce de manière inéluctable les petites tendances. C'est ce que j'appelle la théorie du renforcement. C'est ainsi, dans les premiers temps de la Terre, que les paysages ont pris forme, que les vallées se sont façonnées, par un renforcement incessant des formes existantes sous l'action de l'eau, du soleil, du vent. Une petite différence a été consolidée, accentuée sur la très longue durée. C'est peut-être la même chose avec nous : si nous restons immobiles, passifs face aux événements, la route que nous avions empruntée par hasard devient petit à petit la seule possible, notre seul destin auquel nous nous résignons.

Miléna observait les vagues obstinées qui creusaient les failles du rocher devant elle. Chemin de gauche, chemin de droite… Il suffit d'un rien en effet, une petite anfractuosité, un obstacle, un incident, pour orienter le cours de la vie…

Au loin, la silhouette de Gringoire avait disparu, elle s'était fondue dans le flou de l'horizon. Une mouette, posée à l'aplomb d'un rocher, les regardait avec perplexité. Et le crabe translucide continuait ses va-et-vient absurdes à leurs pieds.

— Pourquoi les êtres humains sont-ils si seuls ? murmura Miléna sur un ton qui n'attendait pas de réponse. Que nous est-il arrivé ?

# Troisième jour

*« Longtemps, la chair fut péché. Pendant des millénaires, les rois, les prêtres, les maris ont obstinément contrôlé les corps et la sexualité. En Occident, il a fallu des siècles, et tant de souffrances, tant de sang, pour desserrer le carcan des Etats et des religions, et imposer enfin le droit au plaisir et à l'amour.*

*Aujourd'hui, nous pouvons enfin faire l'amour sans procréer, procréer sans faire l'amour, et donner libre cours à notre désir. Pourtant, comme les hommes et les femmes d'antan, nous recherchons fébrilement le Graal, le grand amour, vrai, intense, et si possible, durable. Comme chez Platon, nous sommes toujours en quête de notre autre moitié.*

*Alors nous errons, résignés, prisonniers de nos rêves inconciliables, ballottés entre notre soif d'absolu et l'appel récurrent de notre corps animal, entre la douceur qui nous fascine et le plaisir qui nous tue. »*

Louis FARRELL, *La Malédiction mammifère.*

# 13

De nouveau, la houle de la foule. De nouveau, le vertige… Dernière exposition de l'auteur sur l'étalage, pour faire plaisir à la libraire – elle est si attirante, la libraire. Sourires. Bonjour. J'ai bien aimé votre livre. Quelques phrases échangées. Des visages aimables, souvent bienveillants. Parfois, une étincelle, quelque chose qui pétille. Il aimerait les retenir, ces inconnus, les connaître mieux, entrer un peu dans leur vie, lui aussi. Hélas, ils s'évanouissent comme des fantômes, retrouvent leur anonymat paisible, et ces courts moments d'intimité le laissent amer.

Une femme s'est approchée de Louis. La quarantaine distinguée, maquillage soigné, veste souple. Une flamme dans le regard. Ce sont surtout des femmes qui viennent le voir, ce qui n'est pas pour lui déplaire. Plus sensibles à sa prose, semble-t-il, que les hommes.

— J'ai beaucoup aimé votre livre, dit-elle, évidemment. Vous pourriez me le dédicacer ?

Elle en a apporté un exemplaire dans son sac, qu'elle lui tend.

— Je suis d'accord avec ce que vous écrivez. La sexualité pèse davantage dans nos vies qu'on ne l'admet. J'ai vraiment aimé. C'est un livre violent, mais très instructif. Je l'offre à toutes mes amies.

— Merci. Cela me touche beaucoup.

Il lui sourit. Ouvre le livre à la page de titre. L'interroge d'un geste de la tête.

— Je m'appelle Elodie, précise-t-elle.

Il réfléchit un instant. Que lui dire ? Qu'il la trouve émouvante ? Non, bien sûr. Il ne sait rien d'elle. Qui est-elle ? Comment vit-elle ? Aime-t-elle ? Souffre-t-elle ? A quoi aspire-t-elle ? A-t-elle des regrets ? Il songe à Baudelaire, à Paul Fort, lance son stylo sur la page de titre : « A Elodie, une passante, un éclair dans la nuit… (Il hésite. Puis ajoute :) Soyez heureuse. »

Elle lit, se mord les lèvres. Ses yeux brillent sous les projecteurs du stand.

— Merci, balbutie-t-elle.

Elle se penche vers lui, l'embrasse furtivement sur la joue, et s'enfuit.

Il la regarde se fondre dans la foule des visiteurs… Il pourrait l'appeler, la rattraper, lui dire qu'il aimerait la connaître davantage, qu'il la comprend, qu'elle n'est pas seule… Il voudrait connaître ses pensées, deviner ses secrets, percer ses silences. Il n'en saura rien. Une fois encore, un monde s'est entrouvert, puis s'est effacé. Bientôt, dans quelques heures, quelques minutes peut-être, il ne pourra même plus se rappeler les traits de son visage. Pourtant, quelque chose s'est produit. Un moment volé au destin, quelques secondes d'intimité. Elle aussi, elle aurait ce souvenir, l'image d'une connivence fugitive. Elle aussi, elle penserait de temps en temps à ce lien intense et éphémère qui les a unis.

La femme avait le regard doux de Marie, peut-être était-ce cela qui l'avait touché ? Marie, le visage de Marie… Un soir, après la représentation, elle lui avait fait visiter le palais Garnier. Pourquoi repensait-il à ce moment-là ? Elle l'avait entraîné dans les couloirs interminables, dans les loges, les sous-sols, cinq niveaux plus bas sous la scène, et ils s'étaient assis un moment pour écouter le silence lourd, près de la grille sous laquelle se cache le lac souterrain, lieu de toutes les légendes. Ils avaient senti l'odeur âcre de pierre et de terre, et écouté, émus, les murmures du passé. Dans les irrégularités des voûtes s'animait l'ombre des ballerines effrontées qui, avant eux, étaient venues hanter les lieux en frissonnant, et ils entendaient leurs chuchotements et leurs rires qui résonnaient. Comme elles, ils s'étaient adressés en riant aux elfes et aux fantômes, et ils avaient joué aux aventuriers.

Puis, emportés par leur audace, ils avaient voulu passer des profondeurs aux cieux, ils avaient couru dans les escaliers du palais, s'étaient aventurés dans les cintres, parcourant les longs portiques pour contempler de leur perchoir la scène de l'Opéra et la grande salle déserte, puis ils avaient dansé dans les studios aux mille miroirs sous les rotondes, et, après avoir emprunté la petite porte qui mène sur les toits, ils s'étaient retrouvés dans les nuages.

Là, les bruits de la ville leur parvenaient, étouffés. Au loin, la pyramide du Louvre s'était mise en veilleuse, et la tour Eiffel ne montrait plus qu'une silhouette discrète. Paris dormait à leurs pieds. Ils étaient des anges, planant au-dessus des mortels, et Louis s'émerveillait de se trouver là, contre cette femme frissonnante qui l'aimait et parlait aux étoiles avec des larmes dans les yeux. Ils s'étaient fait un nid à eux, dans le recoin d'une sculpture. Lovés contre une cariatide, veillés par un cheval ailé, ils s'étaient longuement embrassés. Il faisait chaud. Une brise de liberté caressait leurs corps qui s'emmêlaient. Alors, unis à l'Univers, ils avaient crié leur plaisir et leur étonnement.

Il eut soudain l'impression d'être infidèle à Miléna et il se le reprocha. Il la chercha du regard. Elle s'activait à l'autre bout du stand, passait d'un auteur à l'autre, et à son arrivée, ceux-ci se redressaient, les yeux illuminés, ravis de susciter l'intérêt de cette belle créature qui se comportait avec chacun d'eux comme s'ils étaient complices. Miléna attirait les regards, mais elle ne s'en souciait guère. Elle se contentait d'évoluer avec élégance. Elle n'avait pas cette posture particulière des danseuses qu'avait autrefois Marie, le dos déployé, la ligne tendue en un trait d'union vers le ciel, mais elle se tenait droite, charmante, et attirante.

Soudain, une silhouette au loin, couleur parmi les visiteurs. Impression de déjà-vu. Cheveux châtains, allure gracieuse… Est-ce la femme aux yeux bleus, la silencieuse voyageuse du train ? Louis se lève rapidement, se hisse sur la pointe des pieds pour tenter de mieux apercevoir l'inconnue. Mais la foule dense brouille les visages, broie les corps dans un même océan de noir et de gris. La passante a été happée.

— Vous avez aperçu une connaissance ? interrogea Gringoire, amusé.

— Oui… Enfin, non… Je croyais. C'est difficile, avec tout ce monde…

Gringoire retourna vers son siège, devant lequel on l'attendait, en faisant des grands moulinets de bras.

— « Je suis un fou, tu n'es rien ! » lança-t-il en guise de salut à son lecteur.

Avec une personnalité comme lui, il était difficile de s'ennuyer. La veille au soir, au restaurant, tout le monde s'était arraché le tragédien. Placé à côté de Miléna, Gringoire n'avait pas failli, gratifiant chacun d'un bon mot, déclamant des vers à ses voisins fascinés, et trouvant toujours la réplique adéquate. Son érudition était exceptionnelle, et il touchait juste.

Louis, lui, n'avait cessé de regarder Miléna à l'autre bout de la table, Miléna qui l'observait, elle aussi, de ses yeux sombres dans lesquels se reflétait la flamme des bougies, avec cette intensité qui l'avait tant fasciné autrefois. Il s'en souvenait, c'était elle, cette créature inaccessible qui avait fait le premier pas. Cette manière de secouer la tête pour écarter les cheveux de ses yeux, son long sourire, légèrement dissymétrique, qui lui plissait les joues, ses deux petites fossettes qu'il avait voulu embrasser… La sublime adolescente était là, devant lui, et dans ce visage à demi plongé dans la pénombre, il retrouvait des émois oubliés, un désir qui avait traversé les années et se ranimait, intact, ardent.

Maintenant, la parenthèse allait se refermer. Les auteurs allaient descendre de leur piédestal et retrouver leur vie, loin des frasques et des projecteurs, et certains en éprouvaient déjà une forme de nostalgie, comme des mômes à la fin des vacances.

Gringoire entreprenait une visiteuse, fascinée par sa faconde :

— « Mon pauvre corps l'exige, madame, je suis entraîné par la chair et il faut marcher quand le diable vous entraîne. »

Il continuait à déclamer joyeusement en dédicaçant ses ouvrages, et s'efforçait de se montrer lyrique, mais sa fausse bonhomie ne faisait pas illusion. Il devait être las de jouer la comédie, et impatient d'en finir. Sage elle aussi, Miléna jouait son rôle d'hôtesse empressée, veillant à ce que personne ne reste à l'écart des conversations, montrant le savoir-faire qu'elle avait appris – Louis se souvint de son récit – autrefois à New York, lorsqu'elle recevait des républicains empesés avec une cordialité faussement enjouée. Cette idée lui déplut. Il n'aimait pas l'imaginer dans sa vie d'avant, jouant la comédie, résignée. C'était une autre Miléna qu'il aimait, une femme libre, lucide, qui refusait les compromissions et décidait de son destin. Mais cette Miléna-là existait-elle vraiment ?

Il était impatient de la retrouver, seule, de l'avoir entièrement pour lui. Il s'était confié à elle naturellement, avec soulagement, comme on pose un fardeau trop lourd. Désormais, Miléna savait. Quelle opinion avait-elle de lui à présent ? Il la regardait, avec son allure de reine, élégante dans un jean tout simple. Elle aussi, elle avait posé son fardeau ; elle aussi, elle s'était livrée. Ils s'étaient mis à nu. Et maintenant ?

Consciente d'être l'objet de l'attention de Louis, Miléna s'était approchée.

— Ça va ? lui dit-elle, en lui caressant le bras avec affection.

— Ça se termine, fit Louis. Nous allons pouvoir souffler.

— Je t'emmène chez moi. Nous avons encore beaucoup de choses à nous dire.

— Ah, voici l'amour ! proclama le facétieux Charles Gringoire en se retournant vers eux, mais il avait eu la délicatesse de baisser suffisamment la voix pour ne pas être entendu par les autres auteurs.

A la surprise de Louis, Miléna ne parut pas choquée. Elle lança un regard complice au tragédien.

— C'est un beau compliment, dit-elle. Mais s'il vous plaît, cela reste entre nous.

— « Un compliment vaut un baiser, embrasse-la, Perdican », ajouta Gringoire en se tournant vers Louis. Je dois prendre congé.

Décidément, le comédien avait l'art de toucher droit au cœur. Louis ressentit pour lui un mélange de crainte et d'admiration. Mais il se souvenait de ce que lui avait dit Miléna, et la dissimulation, tout en panache et en bons mots, à laquelle l'homme malade se contraignait, imposait le respect.

— Je suis heureux de vous avoir rencontré, fit-il stupidement en serrant la main de Gringoire.

Il aurait aimé lui dire davantage, mais il ne trouvait pas la réplique adéquate.

— Moi aussi, assura Miléna en embrassant le tragédien.

Elle hésita avant d'ajouter :

— Ça va aller, vous savez. Je suis sûre que ça va aller.

Elle se figea, terrifiée d'avoir prononcé cette phrase. Ça va aller… *It's gonna be all right*… C'était ce qu'avait dit le pompier dans la tour pour rassurer Tom, l'homme qui montait vers une mort inexorable.

— Nous allons devoir nous quitter, ma belle, conclut Gringoire en feignant de ne pas avoir entendu.

Et il l'enlaça en ajoutant :

— « Que l'armée soit conviée au repos. Allons, et que tous partagent la gloire d'un jour aussi beau ! » Vous voyez, Shakespeare a toujours le dernier mot.

Ils le regardèrent s'éloigner, entraînant son corps imposant. Las mais fier, comme s'il venait de livrer son dernier combat.

## 14

— Un livre, c'est comme une lanterne magique ! me disait mon père (Miléna se revoyait, petite, assise dans le grand canapé du salon de la rue Madame, lovée dans le creux rassurant de l'épaule paternelle), si tu connais le secret de la lecture, disait-il, tu peux faire apparaître des mondes avec des maisons, des châteaux, des planètes, des rois, des princesses, et si tu sais bien lire, tu peux même entrer dans leurs pensées !

C'était si loin, tout ça... Les souvenirs brassés depuis quatre jours lui mettaient la tête sens dessus dessous. Elle sentit que Louis la regardait d'un œil intéressé. Il était touchant, debout comme ça, à l'écouter patiemment, une jambe curieusement enroulée autour de l'autre, mince et frêle comme un personnage de dessin animé. Jamais peut-être quelqu'un ne lui avait accordé autant d'attention.

— C'est une jolie métaphore, énonça-t-il benoîtement, amusé par son léger chuintement de petite fille qui la rendait plus séduisante encore.

Il était heureux de se retrouver de nouveau seul avec elle, dans l'intimité de sa librairie. L'heure de fermeture était passée, la vendeuse était rentrée chez elle, et ils s'étaient mis spontanément à chuchoter tous les deux pour respecter le silence des lieux.

— J'ai voulu très vite apprendre à lire pour posséder ce pouvoir, poursuivit-elle en caressant doucement la tranche des livres alignés dans les rayonnages, les flattant comme des animaux familiers. Tu vois, je n'ai jamais cessé d'y croire.

Elle déambulait dans son domaine, fière de le montrer à Louis. La boutique possédait deux entrées, la principale encadrée par deux larges vitrines qui s'ouvraient sur la place de la ville, la seconde, sur la façade opposée, donnant sur la jetée. Par les fenêtres de la mezzanine qui faisait le tour complet de la pièce, on pouvait apercevoir la mer et les mâts des voiliers qui oscillaient dans le port tout proche. Mais le plus remarquable était l'aménagement intérieur : de hautes bibliothèques avaient été disposées de manière à délimiter des alvéoles aux trois quarts fermées, meublées de canapés et de tables basses comme autant de petits salons de lecture.

Louis vit immédiatement que la classification n'était pas conventionnelle. Le premier espace s'intitulait « Le Monde de Miléna ». On y trouvait *La Lettre écarlate*, *Moby Dick*, *Lolita*, *Le Bruit et la Fureur*, *L'Attrape-cœurs*, *L'homme qui rit*, *La Chartreuse de Parme*, *Crime et Châtiment*, *Le Rouge et le Noir*, *Cent ans de solitude*, *La Plaisanterie*, *La Tache*, *Le Partage des eaux*, *La Nuit*… Plusieurs centaines d'ouvrages de tous auteurs, toutes époques, tous pays constituaient, comprit-il, la bibliothèque idéale de la libraire, son petit panthéon littéraire. *Madame*

*Bovary* y côtoyait *Mrs Dalloway*, *Belle du Seigneur* dialoguait avec *Aurélien*, *Jacques le Fataliste* cheminait avec *Don Quichotte*... Devant lui tourbillonnaient des mondes familiers, et le souvenir d'heures fiévreuses consacrées à partager la vie de tous ces personnages épiques se ravivait dans son esprit avec bonheur.

— J'ai toujours rêvé d'un endroit comme celui-là, avoua Miléna, soucieuse de capter l'intérêt de Louis, un lieu où je puisse rassembler l'essentiel, les livres que j'ai vraiment aimés, ceux qui m'ont fait voyager loin, tous ceux qui m'ont changée. Ma famille imaginaire, en somme. Je ne comprends pas comment on peut se passer de la lecture. C'est comme si on se privait d'un sens ou d'une dimension !

Elle papillonnait d'un rayon à l'autre avec gourmandise, pointant ici un ouvrage « écrit d'une plume féminine et sensible », là un livre « si évocateur qu'on a vraiment l'impression d'être à la place du personnage », en projetant régulièrement ses cheveux en arrière dans un geste machinal et gracieux.

— Ce n'est pas facile de choisir un livre, continua-t-elle. On hésite toujours à s'engager pour plusieurs heures dans une aventure dont on ne connaît rien. L'idéal est d'être conseillé par quelqu'un dont on apprécie le goût. J'ai fait le pari que les clients me feraient confiance. Pour ne pas prendre trop de risques, ils peuvent aussi commencer la lecture ici, dans le calme, sans être dérangés.

Les autres alvéoles étaient, elles aussi, personnalisées : l'espace de l'amour, le royaume de la mer, le souffle de l'aventure, l'univers de la guerre, le temps de l'Histoire...

— Et, bien sûr, précisa Miléna en guide consciencieux, si un ouvrage concerne plusieurs thèmes, tu le trouveras en différents endroits. Tu peux aussi effectuer des recherches selon des critères plus classiques grâce aux bornes informatiques. Voilà ! conclut-elle. C'est chez moi. Quand nous nous sommes installés en France, j'ai voulu créer un endroit vraiment à moi.

Louis était si fasciné par l'énergie joyeuse qui émanait de Miléna qu'il lui fallut plusieurs secondes pour comprendre que quelque chose le gênait dans la phrase qu'elle venait de prononcer. Elle avait dit « nous ». « *Nous* nous sommes installés en France »... Il hésita un moment avant de lui poser la question :

— Tu ne m'as pas dit comment tu étais revenue en France, finalement...

Miléna soupira sans répondre. Elle lui prit simplement la main et l'entraîna par une porte latérale vers l'arrière-boutique où s'amoncelaient des cartons de livres, puis ouvrit une seconde porte qui donnait sur les parties privées de la maison. Celles-ci se déployaient sur deux étages autour d'un large escalier du même bois sombre que celui de la mezzanine. Au premier, Louis découvrit avec surprise un vaste salon-salle à manger prolongé par une terrasse ouverte sur la mer. Au loin, sur la plage, une bande d'adolescents chahutaient encore en s'éclaboussant, et des couples enlacés déambulaient au milieu des nuées de mouettes. La cuisine attenante disposait de la même orientation et d'une large fenêtre située légèrement en hauteur, si bien qu'on avait l'impression d'être en suspension, quelque part entre ciel et eau.

— J'ai toujours rêvé d'avoir l'horizon dégagé devant moi, commenta Miléna en lui confiant une bouteille de saint-julien à ouvrir, et elle s'affaira pour donner la dernière main à un repas qui, visiblement, avait déjà été imaginé et préparé.

Elle sortit une salade composée du réfrigérateur, déclencha le four où attendait un poulet rôti entouré de petites pommes de terre.

— A nous ! fit gravement Miléna, en entrechoquant son verre avec celui de Louis.

Et elle posa brièvement ses lèvres contre les siennes.

Ce ne fut que plus tard, quand ils furent tous les deux assis l'un près de l'autre dans le canapé du salon, face à la mer, après de nombreuses digressions sur le Salon du livre, la ville et le métier de libraire, l'esprit agréablement échauffé par le vin, qu'elle revint à la question de Louis.

— Dans nos vies, il y a un avant et un après le 11-Septembre. Mais je crois que la rupture est encore plus forte pour ceux qui ont vécu cet événement de près.

Elle sentait que sa voix tremblotait un peu. Etait-ce le vin ou l'évocation de son passé ?

— Jusqu'à ce jour, je n'étais pas heureuse à New York, mais j'espérais qu'un coin de ciel allait s'ouvrir, et j'étais décidée à aller vers d'autres horizons. Le 11-Septembre a brutalement refermé la fenêtre. Il a tué l'espoir.

Fallait-il revenir sur tout cela ? Le souvenir de ces jours-là, les jours d'après, lui faisait encore mal... Elle tenta quand même de trouver les mots... Elle lui dit le drapeau américain, resté longtemps suspendu à la fenêtre de l'appartement en signe de solidarité, comme partout dans la ville, sur les voitures, les taxis, les bus... La ville abasourdie, au tapis. Puis l'incroyable élan de solidarité, cette compassion partagée, les pleurs des inconnus dans les rues, cette impression de faire partie d'une même famille... Union Square transformé en un lieu de rencontre et de recueillement, les chants improvisés lancés à l'unisson, ces milliers de photos collées sur des panneaux dans la rue, sur les murs et les réverbères, visages innocents des victimes souvent saisis dans un moment de joie lors d'une fête d'anniversaire ou de mariage, ici de très jeunes filles, là deux amoureux tendrement enlacés, tous ces visages de disparus que leurs proches répandaient dans la ville avec l'espoir fou que ce petit bout de papier allait les sauver, que quelqu'un leur dirait qu'il ou elle était en vie, quelque part, échappé de l'horreur. Sans preuve, sans le corps de l'être cher, il restait toujours une chance, une toute petite chance, mais une chance quand même à laquelle ils s'accrochaient. Certains erraient dans les rues, en exhibant la photo sur un dossard ou en brandissant une pancarte implorante : « *Missing. Floor 105. WTC 1* »... Tous ces visages la faisaient immanquablement pleurer.

La télévision ne cessait alors de montrer *Ground Zero,* blessure béante qui marquait désormais la ville, fosse commune où se mêlaient les fragments de corps pulvérisés, précipice au fond duquel s'affairait encore une armée d'hommes casqués, tous ces ouvriers fragiles d'un enfer qu'aurait pu peindre Jérôme Bosch.

Et puis, New York s'était ressaisie. Les piétons avaient repris leur course, les voitures s'étaient remises à klaxonner, les taxis à s'invectiver. De la fenêtre du salon, elle regardait à nouveau, treize étages plus bas, l'agitation incessante de toutes ces fourmis folles. La ville qui ne dort jamais avait retrouvé son rythme.

— Dans les semaines qui ont suivi, continua Miléna, je me suis sentie épuisée, déprimée, recouverte par un lourd manteau de résignation. Le monde me paraissait une jungle menaçante. Je n'avais plus confiance.

— En quoi ?

— Plus confiance dans les hommes, sans doute. On n'arrivait pas à trouver des mots simples pour en parler. On ne voulait même plus en parler. On tentait de refouler les images, mais en vain. La tristesse ne m'a plus quittée. Elle me tenait éveillée la nuit, ramenant devant mes yeux des cohortes de fantômes couverts de poussière qui avançaient lentement dans la rue, le visage sans expression, les yeux vides.

— Et ton…

— Mon mari… reprit Miléna. Tom…

Elle ne pouvait plus se dérober. Les souvenirs affluaient avec une précision vénéneuse.

Comme tout cela était encore présent dans sa mémoire ! Les premiers jours, Tom était resté de longues heures, silencieux, affalé devant CNN, suivant les recherches de survivants dans l'enchevêtrement des décombres. Parfois, il se postait lui aussi devant la fenêtre du salon par laquelle on pouvait apercevoir le panache de fumée qui s'élevait encore de l'emplacement des tours, là où son bureau, le lieu familier où il séjournait plusieurs heures par jour, s'était volatilisé... Il déambulait dans l'appartement comme s'il était perdu. L'état de choc allait passer, avait-elle pensé. Tout cela finirait bien par s'estomper... Elle se trompait. Tom semblait atteint par une mystérieuse maladie qui lui pompait l'énergie, tel un arbre rongé par un parasite. Les jours s'écoulaient, et il se renfermait dans le mutisme, ne prenant la parole que pour des échanges anodins, comme s'il avait déserté son corps, ne laissant traîner dans l'appartement qu'une enveloppe mécanique et vide.

Les nuits étaient les plus pénibles. Tom souffrait d'insomnie. Il se retournait mille fois dans le lit, en proie à des angoisses incontrôlables. Pendant ses rares périodes de sommeil, il se réveillait en sursaut, marmonnant des paroles inintelligibles. Lui aussi, il était habité par des visions, toujours les mêmes, qui revenaient dans l'obscurité : le visage d'un homme lui apparaissait, coiffé d'un casque sur lequel était inscrit le chiffre 35, qui lui répétait d'une voix sourde : « *It's gonna be all right, you'll be fine, you'll be fine* »... Ça va aller, ça va aller...

Les parents de Tom venaient fréquemment chez eux, et Miléna découvrait qu'ils se montraient de plus en plus hostiles à son égard, comme si elle avait une part de responsabilité dans ce qui était arrivé à leur fils bien-aimé. Mme O'Malley, qu'elle appelait secrètement « la reine mère », traitait Tom comme un enfant, ne cessait de l'appeler au téléphone, de s'enquérir de sa santé, et n'oublie pas de prendre tes cachets, et couvre-toi si tu sors aujourd'hui, et comment s'est passée la journée... Elle s'était abattue sur lui avec une voracité de femelle et le couvait de son aile noire et menaçante. Quant à O'Malley père, il ne sortait la tête de son aigre carapace que pour approuver le président Bush et prôner la guerre sans merci contre les terroristes, estimant que l'Amérique devait les « ratatiner » jusqu'au dernier. Il avait exulté quand les premiers avions américains avaient bombardé l'Afghanistan, et puis très vite, il avait jugé que la politique du gouvernement américain n'était pas assez offensive... Les rencontres avec les parents de Tom étaient devenues de plus en plus pénibles, mais elle faisait face. Que pouvait-elle faire d'autre ?

Tom, lui, s'absentait fréquemment. Sa société avait été durement frappée : les bureaux de Wall Street anéantis, sept employés disparus... Les dirigeants du groupe s'étaient montrés corrects. Ils avaient organisé l'aide pour leurs rescapés du World Trade Center, facilité les démarches auprès des administrations et des assurances, aménagé des locaux dans un immeuble du Midtown après leur avoir laissé la liberté de prendre des congés s'ils le souhaitaient. Aucun d'eux ne l'avait fait. Moins par fidélité à leur emploi que par besoin d'être ensemble. Il n'était pas rare que ceux-là mêmes qui, autrefois, ne s'adressaient qu'un salut poli échangé dans l'ascenseur de la tour, se réunissent désormais le soir, pour un verre dans un bar, sans considération d'entreprise ou de hiérarchie. Quelque chose liait « ceux des tours », ceux qui avaient *vraiment* vécu l'événement (au contraire de ceux qui l'avaient seulement vu de loin ou à la télé), ceux qui pouvaient *vraiment* comprendre. Ce quelque chose, c'était ce besoin de communion qu'éprouvent tous ceux qui se trouvent soudain réunis par un choc exceptionnel. Mais c'était aussi une forme insidieuse de culpabilité.

— Oui, Tom se sentait coupable d'en avoir réchappé, continuait Miléna. Il s'en voulait terriblement. Et la vision de ce pompier qui s'était adressé à lui pour le réconforter l'obsédait.

Bien sûr, Tom avait cherché à connaître le sort et l'identité du sauveteur qu'il avait croisé. Il s'était rendu dans sa compagnie, la *Ladder 35*, et là, il avait immédiatement reconnu son visage, affiché sur le mur parmi les photos des disparus. L'homme était un vétéran, un vrai soldat du feu qui accomplissait sa seizième année dans la 35, l'un de ceux qui n'hésitaient pas à risquer leur vie. Accablé par la nouvelle de sa mort, Tom alla voir plusieurs fois sa famille, rencontra ses collègues, et il se prit d'amitié pour un autre pompier, qui, lui, avait réussi à sortir avant l'effondrement de la tour, alors que la plupart de ses collègues avaient péri. « Ce jour-là, j'ai sauvé une seule personne : c'était moi », répétait le pauvre homme. Tom, lui aussi, partageait ce sentiment de honte. Pourquoi moi ? disait-il parfois... Pourquoi ?

— Voilà, conclut Miléna, les années ont passé, le monde a changé... Mais il n'en est jamais tout à fait revenu.

— Et... toi ? demanda enfin Louis, agacé de l'entendre parler aussi longtemps de son mari. Ta... lettre ? Ta décision ?

Elle aurait aimé qu'il ne pose pas la question, elle aurait préféré en rester là.

— Je ne pouvais pas l'abandonner, tu comprends… Le 11-Septembre a rendu bien insignifiants mes petits états d'âme de femme mal mariée. Et puis, il y a eu Laura…

Pendant les mois qui avaient suivi l'attaque terroriste, elle s'était efforcée de ne plus se remettre en cause ni s'apitoyer sur son sort. Le 11-Septembre avait brutalement interrompu ses projets et étouffé sa détermination. La résignation l'avait recouverte comme le nuage de cendre des tours pulvérisées. Son heure était passée, voilà tout. Il y a un temps pour tout. On ne change pas de vie comme ça… Elle se contentait maintenant de pensées toutes faites pour justifier son renoncement et s'interdisait de poursuivre plus avant son dialogue intérieur, s'attachant désormais à ses tâches quotidiennes, s'efforçant d'être une bonne épouse, compréhensive et coopérative. Il aurait été monstrueux d'abandonner Tom dans de telles circonstances, n'est-ce pas ? Personne n'aurait pu faire une chose pareille. Et puis, sa vie n'était pas si horrible, il y avait tant de gens qui souffraient véritablement, bien plus qu'elle. Elle n'avait pas de quoi se plaindre…

Quelque chose en elle, pourtant, résistait, mais elle refusait d'entendre la petite voix rebelle, secouait rageusement la tête pour se débarrasser des mauvaises pensées. Souvent, la mélancolie la gagnait, et elle se retrouvait une fois encore devant la fenêtre du salon, le front appuyé contre la vitre, regardant sans vraiment les voir les fourmis familières qui cheminaient fébrilement dans la rue, les taxis jaunes qui se faufilaient dans l'embouteillage, et le numéro géant inscrit sur le toit d'un autobus immobilisé – elle s'était toujours demandé à quoi cela servait, pour être identifié par un hélicoptère sans doute, mais dans quel but ?

New York ne lui parlait plus. La ville fascinante, son paradis, sa fierté, ne la réconfortait plus. Et puis, il y avait autre chose…

Miléna soupira.

— Oh, Louis, tout cela est tellement absurde ! Un jour, j'ai appris que j'étais enceinte. D'habitude, c'est une bonne nouvelle, n'est-ce pas ? On est censée sauter en l'air, appeler ses amies, se réjouir. Moi, je me suis effondrée dans le cabinet du médecin, j'ai fondu en larmes, mais ce n'était pas de joie. Je n'aurais jamais cru que je pouvais me trouver dans une telle situation, parce que, enfin, avec Tom…

Elle détourna la tête, gênée.

— Une fois encore, quelque chose m'était imposé, que je n'avais pas souhaité, que je ne contrôlais pas. Je n'avais même pas d'amies intimes à qui en parler. Je n'ai rien dit à Tom, j'ai hésité pendant une semaine, puis j'ai pris rendez-vous à contrecœur dans une clinique pour avorter. Cela n'a pas tourné comme je l'imaginais. Au lieu d'un médecin, c'est un psychologue qui m'a reçue et a entamé un long discours. Il me répétait qu'une femme avait beaucoup de chance de donner la vie, qu'il n'y avait rien de plus beau au monde. Je me souviens encore de ses mots : « Je ne veux en aucun cas vous influencer, c'est votre choix. Mais toutes les futures mères éprouvent cette ambivalence au début de leur grossesse, c'est tout à fait normal. » En sortant de là, j'étais en effet plus ambivalente que jamais. Je me suis torturée pendant des jours et des jours. J'ai attendu, pour ne pas avoir à décider. Bien sûr, c'était une forme de décision. Finalement, je me suis déterminée à accepter ma chance, comme le psychologue avait dit. Et puis, j'ai laissé naître en moi l'envie d'être mère, d'avoir un bébé – un bébé ! comme ces deux syllabes étaient étranges et douces –, ce pouvait être une source d'accomplissement, n'est-ce pas ? Arrêter de me comporter comme une gamine, grandir, enfin ! Voilà, elle s'appelle Laura, elle a huit ans.

Miléna traversa le salon pour prendre un cadre que Louis n'avait pas remarqué jusque-là. La photo d'une petite fille à l'air espiègle, la bouche arrondie dans un sourire mi-moqueur mi-séducteur, des yeux immenses comme ceux de Miléna, des cheveux noirs comme les siens…

— Quand Laura a eu deux ans, j'ai voulu trouver un métier. Mère au foyer, attendre le retour de son père… Non, je ne me voyais pas jouer plus longtemps le rôle de la bourgeoise new-yorkaise. Tom se donnait de nouveau à fond dans son boulot, il revoyait toujours « ceux des tours », mais la nuit, il retrouvait ses fantômes, il redescendait sans cesse ce maudit escalier… Et parfois, il perdait brutalement toute énergie, il restait prostré comme s'il avait déserté son propre corps. Choc post-traumatique chronique, ont diagnostiqué les médecins. Et durable. Pour moi, il était redevenu une présence insignifiante, inoffensive.

Un jour, quelques semaines plus tard, j'étais en train de donner le biberon à Laura, ma mère m'a appelée. Elle avait une voix blanche, presque inaudible.

— Ton père… a-t-elle commencé.

J'avais compris. Il était mort, dans un accident de voiture en Italie… La dernière conversation avec lui datait du 11 septembre, et c'était comme si, une nouvelle fois, tout s'effondrait. Le plus dur, ce fut le poids des mots qui n'avaient pas été prononcés. J'avais toujours remis l'explication au lendemain, pensant stupidement qu'un jour viendrait où nous pourrions réparer.

En Italie, ma mère a retrouvé dans l'appartement de mon père une lettre qu'il m'avait écrite quelques mois auparavant sans l'envoyer. Avec son sens de l'à-propos bien à elle, maman me l'a remise juste après l'enterrement, en France, où j'étais allée seule – je ne voulais pas mêler Laura à cette histoire qui lui était étrangère, et Tom ne le connaissait pas. L'enveloppe portait simplement mon prénom : « Miléna ». Il me disait qu'il était fier de m'avoir pour fille, qu'il fallait que je le comprenne, qu'il avait fait des erreurs dans sa vie, mais que cela ne remettait pas en cause l'amour qu'il avait pour moi, que, même s'il n'était pas avec moi…

Miléna dut s'interrompre, la voix étouffée par les sanglots. Louis passa affectueusement le bras autour de son cou. Elle laissa retomber sa tête sur son épaule, confiante.

— Enfin, voilà… Il me parlait aussi de sa Tchécoslovaquie natale, de mon prénom, Miléna, choisi en hommage à Kafka qu'il aimait tant, de maman qui avait toléré son besoin de liberté et ses aventures. Il me disait encore qu'il ne s'était jamais adapté à la vie française, ni à sa famille, mais qu'il avait aidé maman, qu'il lui parlait de temps en temps, et puis, qu'il avait suivi de loin ce que je devenais, et… il me demandait de lui pardonner.

Comment te dire ? Je lui en ai d'abord voulu d'avoir écrit cette lettre. L'égoïste ! Il me laissait là, seule, me jetant soudain son amour à la figure au moment même où il m'était retiré, rendant sa mort encore plus douloureuse. Mais moi ? Je ne pouvais même pas lui répondre. Si, au moins, il avait eu le courage de m'envoyer sa lettre de son vivant. Mais non ! Maintenant, il m'abandonnait avec sa bonne conscience et ma souffrance. Comme c'était cruel ! Comme c'était facile d'aimer à distance, sans engagement, sans conséquence, et de tirer sa révérence en se dédouanant du mal qu'il avait fait ! J'aurais tant voulu lui répondre.

Miléna soupira.

— Je sais que c'est stupide, Louis, mais cette lettre, je l'ai toujours avec moi, je ne m'en sépare jamais... Tu sais, j'ai fait cette chose plus stupide encore. J'ai appelé son numéro, régulièrement, dans un geste absurde, comme si je m'attendais à ce qu'il réponde, ce que je n'avais jamais fait auparavant. Le numéro d'un mort... Cela sonnait toujours dans le vide. J'attendais de longues minutes avant de raccrocher. Puis un jour, une voix d'homme a répondu. J'ai failli m'évanouir ! J'ai vite compris qu'il s'agissait d'un inconnu, le nouvel abonné. Je n'ai plus jamais rappelé.

Miléna ravala sa salive, et se ressaisit.

— C'est lors d'un retour en France, pour des vacances, que nous sommes passés ici, poursuivit-elle. Je faisais une provision de livres en français pour les rapporter à New York. En discutant avec le libraire, j'ai appris qu'il cherchait à vendre son commerce. Je n'en croyais pas mes oreilles : une librairie ! Au bord de la mer ! En France ! La maison était vaste, idéale. C'était un rêve. Mon rêve !

Dès la première minute, j'étais déterminée. Bien sûr, Tom a trouvé l'idée absurde. C'est un caprice, pensait-il, cela lui passera... Mais je n'en démordais pas. Je l'ai harcelé pendant des jours. De retour à New York, je lui ai mis le marché en main : de toute façon, j'y allais ! C'était décidé. J'avais de l'argent, une belle somme que mon père m'avait laissée, je prendrais un prêt s'il le fallait... J'avais étudié le projet en détail. Cette fois, ma direction était toute tracée. Et puis, cela me permettait de me rapprocher de maman que j'avais trop négligée ces dernières années. La seule décision qu'il restait à prendre, elle revenait à Tom : qu'allait-il faire, lui ?

Ce fut un drame avec les O'Malley. La reine mère, surtout, se montra abominable. Elle exploita les arguments les plus bas pour me convaincre de renoncer. C'était une véritable trahison, je ruinais la carrière de Tom, il ne pouvait pas quitter New York, il était fragile, mes lubies d'intellectuelle ratée allaient le conduire à la ruine... Quant à O'Malley père, il réagit, perfidement comme toujours, en m'assénant ses leçons de morale puritaine : une épouse n'a pas le droit de faire ça à son mari, elle lui doit assistance, l'honneur de la famille, l'avenir de mon enfant...

Malgré les pressions, je n'ai pas capitulé. C'est peut-être la première et la plus grande victoire de ma vie. Finalement, Tom a trouvé un compromis. Il a pris un poste de représentant de sa firme pour l'Europe, ce qui, somme toute, n'était pas pour lui une mauvaise affaire, cela lui permettait d'aller souvent à New York et de retrouver sa chère famille – ce qui m'était enfin épargné ! – tout en séjournant une partie du temps en France. J'avais gagné ! C'est comme cela que je suis devenue propriétaire de ce lieu et, une fois encore, libraire.

— Et Laura ? Vous... vous êtes toujours mariés ? demanda doucement Louis, et il regretta immédiatement d'avoir posé la question.

— Laura vit avec moi bien sûr ! En ce moment, elle est aux Etats-Unis avec son père pour les vacances.

Elle n'avait pas répondu entièrement à la question. Et Louis en déduisit la réponse. Le compromis avait sauvé l'honneur des O'Malley. Et Miléna s'en était satisfaite.

Elle se redressa pour remplir leurs verres de vin. Après avoir égrené les plaintes célestes et mélancoliques des *Kindertotenlieder* de Strauss, le lecteur iPod avait enchaîné sur « *Don't give up* » de Peter Gabriel.

« *Don't give up, 'cuz you have friends* », chantonna Miléna en accompagnant le refrain. Elle avait une jolie voix qu'agrémentait encore son accent new-yorkais.

— Attends, je veux te montrer quelque chose.

Elle alla chercher dans un tiroir un album photo à la couverture écornée et lui tendit.

— Souvenirs, souvenirs... L'année de terminale...

Ils étaient tous là, les copains du lycée, leur bande, insouciants et turbulents. Comment s'appelait-il déjà, celui-là ? Ah oui ! Arthur, le clown, la terreur du prof de physique, qui, un jour, avait provoqué un incendie – heureusement vite maîtrisé – en inventant un cocktail à base de soufre dérobé. Et là ? Emilie, la petite rousse pétillante qu'on ne voyait jamais sans son Virgile, le type à la guitare avec sa mèche de rocker. Tu te souviens ? Lui, c'est Jasmin, son meilleur copain, qui voulait faire du théâtre. Et elle ? C'est Julie, tu ne la reconnais pas ? Mais si, la première en maths, la boutonneuse avec ses gros seins qui rendaient abrutis tous les mâles de la classe…

Dans son souvenir, ce petit monde-là s'aimait bien. Ils étaient unis, soudés par une même joie de vivre. Ou n'était-ce qu'une illusion ? Qu'étaient-ils devenus ? Etaient-ils heureux aujourd'hui ?

Et puis, il y avait Miléna, souveraine comme une princesse orientale, les joues plus rondes qu'aujourd'hui. Sur les photos, il se tenait la plupart du temps à côté d'elle. L'un des clichés, appartenant sans doute à la même série que celui qu'elle lui avait envoyé, les montrait tous les deux, têtes l'une contre l'autre. Complices, peut-être amoureux. Pourquoi n'avait-il pas su la retenir ? Malgré leurs fanfaronnades et leur désinvolture, ils étaient si timides, si ignorants.

— Voilà nos vies… commenta Miléna. En quoi en sommes-nous responsables ? Il suffit d'un rien, d'une seconde de plus ou de moins, pour que la trajectoire s'infléchisse. « *Rest your head, You worry too much…* »

Elle se serra davantage contre Louis en écho à la chanson.

— Un rien, oui, et nous aurions pu nous revoir plus tôt, à vingt ans par exemple ? fit Louis. Imagine… Tu sors de Sciences-Po, rue Saint-Guillaume, la tête bourrée de directives internationales – inflexion de la politique agricole commune, agréments sur les matières premières, modification des critères de l'indice du commerce extérieur… Moi, je suis boulevard Saint-Germain, et…

— … tu me rates à cinq secondes près, fit Miléna, prise au jeu. Et ni toi ni moi n'en saurons jamais rien.

— Non. Tu as tourné dans le boulevard, et tu marches maintenant à trois mètres devant moi. Cette longue et belle silhouette…

— Merci.

— … cette longue silhouette me semble familière. J'accélère. Te dépasse. Me retourne. Je dis : « Miléna ? »

— Je piaille : « Louis ! » Nous sommes là, sur le boulevard, tous les deux, l'air idiot. Je te dis bêtement : « Ça fait longtemps, je suis contente de te voir. »

— « Moi aussi, je suis content. Tu n'as pas changé depuis le lycée. »

— Mais tu as un rendez-vous, tu m'embrasses sur la joue, et tu t'enfuis après m'avoir demandé mon numéro de téléphone. Tu ne rappelleras pas…

— Pas du tout. Je t'emmène boire un verre, au premier étage du Flore, tout au fond, à gauche, sur la banquette d'angle. Nous nous disons tout, comme maintenant.

— Mais tu me racontes que tu as ta vie, une copine, et, au bout de quelques minutes, nous nous séparons bons amis.

— Non. Nous parlons pendant des heures. Je termine mes études d'anthropologie, j'ai un projet de livre. Tu finis Sciences-Po, tu veux faire de la politique… Nous n'avons pas envie de nous quitter. Nous nous regardons dans les yeux, comme autrefois…

— Tu m'emmènes dîner dans un restaurant du VI^e^

bien trop cher pour toi. Nous continuons à parler. Nous sommes étonnés de nous comprendre si bien. En sortant du restaurant, je mets ma main dans la tienne, et tu… tu m'embrasses… Comme autrefois… Comme ça…

Miléna se pencha sur Louis et posa ses lèvres sur les siennes. Il ferma les yeux. Une fois encore, il se retrouvait au jardin du Luxembourg… Combien de temps cela avait-il duré ? Quelques semaines de bonheur, d'espoir. Et maintenant, elle était là de nouveau, il la tenait dans ses bras, les lèvres de nouveau collées aux siennes.

— Tu m'aurais emmenée chez toi, murmura-t-elle un moment plus tard. Dans le studio que tu louais certainement à deux pas de là. Je me serais mise contre toi, comme maintenant, et on serait restés toute la nuit ensemble, à parler.

— Peut-être davantage… osa Louis. Tu ne crois pas ?

— Peut-être pas ce soir-là… Ou peut-être que si… Nous serions restés là pendant deux jours entiers. Sans sortir. Pour nous connaître… Pour tout nous dire.

— Poursuivons, fit Louis. Nous ne nous quittons plus… Et puis les années passent… Comme tout le monde, nous nous effilochons. Les autres mecs te harcèlent, tu finis par céder.

— Non. C'est toi ! Tu es trop intéressé par les jolies femmes. Tu ne peux pas résister. Nous nous séparons à trente ans.

— Admettons. Mais quelques années plus tard, nous nous retrouvons par hasard…

— A l'occasion d'un salon du livre. Je suis libraire. Tu viens de publier un livre.

— Et nous nous racontons notre vie !

Elle sourit, amusée.

— Retour à la case départ… dit Louis. Et si nous avions été plus intelligents que les autres ? Et si nous ne nous étions jamais quittés ? Nous vivrions ensemble aujourd'hui… Nous aurions deux enfants.

— Pas de Saint-Barth, pas de O'Malley, pas de New York, soupira Miléna. Mais pas de… Laura.

— Si. Laura aurait mes yeux et ton visage, dit-il en lui caressant la joue. Elle serait notre fille.

— On habiterait Paris, on écrirait des livres ensemble. Tu… tu m'aimerais.

Miléna se blottit contre lui, et l'embrassa avec ardeur. Tout cela avait-il un sens ? se disait-elle en s'abandonnant. Peut-on réécrire le passé ?

# 15

Le corps, donc… Ce maître impérieux, qui, maintenant, réclamait sa part. On y était à nouveau. Miléna ne disait rien. Elle se tenait serrée contre lui, la tête sur son épaule, dans une attitude presque familière. Quiconque les aurait surpris à ce moment-là les aurait pris pour des amants. Une brise légère soulevait les rideaux de la baie vitrée. Au loin, le soleil se glissait sous l'horizon, donnant au ciel son éclat orangé des beaux soirs, l'un de ces soirs de paix. Seules, sur la plage, les mouettes poursuivaient leurs chamailleries bruyantes, indifférentes à ce moment de grâce.

Il avait envie d'elle. Il désirait se coller à son corps, se couler sous sa peau, partir en exploration. Si simple… Des millions de gens faisaient cela tous les jours. Oui, à cette même minute, des millions de couples étaient en train d'obéir à l'appel exigeant de leur corps. Si simple. Fermer les yeux, laisser s'exprimer le feu au creux du ventre, ne plus écouter que ses sens, oublier les mots, les arguties, les nobles pensées, les beaux raisonnements, tous ces tarabiscotages de l'âme, en finir avec l'esprit, en finir avec la conscience, tout cela n'est que vaine tergiversation, arrêter de se torturer, laisser le monde se réduire à un bourdonnement, et s'abandonner enfin, oui, se livrer au corps, tout entier, redevenir animal.

Mais il le savait, il le sentait, il y avait davantage. Quelque chose en lui, l'impression d'un vide entre les yeux qui pouvait d'un instant à l'autre déclencher un afflux de larmes, ce quelque chose le lui indiquait sans erreur possible : ce qu'il éprouvait pour Miléna, pour ce corps, cette vie qu'il percevait contre lui, n'était pas seulement le désir. Il y avait un élan irrépressible vers la personne qu'elle était, vers cette intelligence qui émanait d'elle, sa manière de parler, de regarder le monde. Il y avait ce besoin de faire sienne, de rendre intime cette aura qu'elle dégageait. Il y avait la douceur, l'immense et incomparable douceur qu'il ressentait pour elle.

Alors, si le corps s'en mêlait, s'il allait plus loin dans leur intimité, le besoin de cette douceur-là, le besoin de l'avoir pour lui, rien que pour lui, ce besoin-là deviendrait immense, exclusif, dominateur. L'amour le dévorerait tout entier.

— Tu as l'air triste, fit-elle.

— Ça va, se contenta-t-il de répondre.

— Mélancolique, en tout cas. Cette plongée dans le passé, toutes ces confidences… A quoi penses-tu maintenant ?

Il hésita un moment. Tenta d'esquiver :

— Je ne pense pas à grand-chose…

— Je ne te veux pas de mal, Louis, tu sais. Je sais qui tu es.

Pas de mal ? Bien sûr que non, elle ne lui voulait pas de mal… Trois jours auparavant, il n'aurait jamais imaginé se trouver dans une telle situation. Après Marie, il s'était juré de ne pas s'y laisser prendre à nouveau. Et voilà que son amour d'adolescence était revenu dans sa vie comme un boomerang et piétinait ses bonnes résolutions. Miléna s'était insinuée dans son intimité avec insouciance, fouillant le grenier interdit. Il s'était prêté de bonne grâce aux confidences, il y avait même trouvé un soulagement. Mais désormais, elle exigeait la suite de l'aventure, elle voulait ouvrir toutes les portes, et elle avait réveillé en lui des sentiments qu'il croyait avoir jugulés. Louis se sentait en colère. Elle l'avait entraîné dans un piège d'où il ne sortirait pas indemne. Que veux-tu maintenant, créature cruelle ? Me voilà pris, ligoté, englué dans ta toile.

Et puis, que se passerait-il « après » ? Miléna était une femme mariée. Pis : une mère. Il savait ce que cela signifiait. Une mère, avec son amour de mère, son obsession de mère, jalouse de son privilège de mère, prête à tout pour le préserver… La mère passait toujours avant la femme.

Que pouvait-il faire ? Rester stupidement du côté du désir, comme ces chevaliers d'autrefois qui plantaient une épée entre eux et leur dame pour s'obliger à se retenir ? Réfréner ce corps qui piaffait, ne pas aller au-delà, ne pas franchir la frontière ? Il le savait, il l'avait même écrit dans son livre : la sexualité n'est pas légère. Que cherchons-nous en réalité dans la rencontre avec un autre corps, dans le frottement de nos peaux ? Le plaisir, bien sûr, un moment privilégié où on peut enfin se mettre entre parenthèses du monde et de soi. Est-ce tout ? Vraiment ? Non, Miléna l'avait dit, ce que nous désirons avec autant d'avidité, c'est l'amour. Nous voulons être aimés. Nous voulons tous être aimés.

Mais l'amour pouvait se retourner contre nous comme un chien enragé et nous rendre fous. Il ne voulait pas revivre ce qu'il avait vécu autrefois, la brûlure intense de l'absence, les nuits de désespoir, le vide dévorant, la morsure de ce monstre campé à l'intérieur de son crâne qui l'anéantissait, la plaie ouverte de l'abandon...

Pourtant, au moment même où il se disait cela, il sentait que quelque chose sonnait faux. Il alignait des arguments auxquels il ne croyait pas, des mises en garde qu'il avait depuis longtemps décidé de ne pas écouter. Arguties que tout cela ! Il était terriblement attiré par Miléna, telle était la réalité. Il voulait la connaître entièrement, la prendre dans ses bras, goûter sa peau, toute sa peau... Il voulait entrer à l'intérieur d'elle. Il voulait l'aimer.

— Trop de mots, avoua-t-il enfin à Miléna qui semblait s'étonner de son silence. Il y a trop de mots. Je n'ai plus rien à raconter.

Il se leva et se dirigea vers la terrasse. La nuit était si douce... Il en avait assez des théories et des discours, assez de toutes ces paroles ! A quoi cela menait-il de se poser sans cesse des questions sans réponses ? Il était trop tard pour revenir en arrière. Ils étaient trop loin. Oui, il était amoureux d'elle, de sa personne, de sa manière de bouger, de sa grâce, de son intelligence… Ajouter le corps à cette histoire ne faisait peut-être pas, après tout, une grande différence. Miléna s'était déjà donnée à lui. Elle lui avait offert ses secrets, son intimité, son âme. En un sens, ils étaient déjà amants.

Il la sentit soudain passer derrière lui, et se retourna. Elle tenait dans ses bras une pile de draps.

— Tu vas dormir ici, Louis. Ce serait idiot de rentrer à ton hôtel à cette heure-ci. Et… j'ai envie que tu restes encore un peu avec moi.

Elle ne bougeait pas, encombrée par sa charge, et regardait Louis, soudain gênée. Elle aussi, elle se sentait confuse, incapable de formuler des pensées cohérentes. Pourquoi était-elle en train de changer les draps ? Elle réalisait qu'elle venait d'agir machinalement et découvrait lentement l'injonction secrète à laquelle elle avait obéi. Bien sûr qu'elle se mentait à elle-même, bien sûr qu'elle se racontait des histoires – depuis quand ? Depuis le début de leur rencontre, sans doute. Ce détachement stupide qu'elle affectait maintenant en jouant la maîtresse de maison accueillante ne faisait pas illusion. Tout se dire, hein ? Profiter de la singularité de leurs retrouvailles, de cet étonnant court-circuit dans le temps, pour se libérer, s'alléger de ses peurs, rincer son âme, sans risques, en toute confiance ? Tromperies que tout cela, ma fille ! Mensonge, mensonge, encore mensonge, décidément son petit cerveau ne pouvait s'accommoder que du mensonge ! Elle croyait avoir été sincère avec Louis, oh oui, honnête, elle n'avait pas triché, elle avait tout dit, parlé au plus près de ses pensées, cherché le mot le plus juste... Allons donc ! Illusion, illusion, ce n'était qu'illusion ! Elle avait dit la vérité, mais quelle vérité ? Celle de sa naïveté, de sa bêtise, de sa duplicité ! En réalité, elle voulait autre chose. Quelque chose qu'elle n'avait jamais eu, qu'elle avait toujours voulu, quelque chose d'intense qu'elle voulait de lui...

— Que se passe-t-il ? dit encore Louis, une pointe d'inquiétude dans la voix.

— Je... Je suis désolée... J'ai...

Il l'observait sans bouger. Voulait-il l'humilier davantage par son silence ? Jouait-il avec elle maintenant, la surprenant en pleine hypocrisie, en la voyant là, si gauche, plantée avec sa pile de linge comme une coupable ?

— Je voulais juste changer les draps, lâcha-t-elle, sur un ton qui s'efforçait d'être banal, mais elle sut aussitôt combien il sonnait faux.

Il s'était levé et regardait les draps blancs qu'elle tenait serrés contre elle, de beaux draps, épais, du linge d'un autre âge, blanc comme une page blanche, blanc comme l'innocence, blanc comme la virginité, blanc comme la mort.

Sans un mot, il lui prit la pile des mains, et d'un geste léger l'invita à le précéder. Ils empruntèrent le petit escalier en colimaçon qui menait au deuxième étage. Là-haut, dans la chambre, il déplia le lourd tissu sur le lit, lui tendit spontanément l'autre extrémité. Ils agissaient comme s'ils avaient accompli mille fois ensemble ces gestes simples, ils bordèrent soigneusement les deux côtés du lit, ajustèrent le second drap avec le même soin, se retrouvèrent face à face, leur tâche accomplie. Sans un mot, il posa les deux mains sur ses épaules, fixa ses yeux noirs. Elle le dévisageait aussi, toutes ses pensées évanouies, l'horrible petite menteuse avait déserté, elle sentit qu'il tremblait légèrement, il sentit qu'elle était tendue, elle approcha son visage, à moins que ce ne fût lui ? Ses lèvres semblaient fiévreuses, mais peut-être étaient-ce les siennes ?

Ensuite ? Louis ne pouvait réfréner le léger tremblement de ses membres. Il aurait aimé dire quelque chose, mais ce n'était plus le temps des mots.

Elle sentait les mains tremblantes sur son dos. Elle avait un peu peur. Non pas de lui, oh non, mais d'elle, de ses réactions, de ne pas être à la hauteur. Elle avait peur comme une adolescente, peur comme une première fois. D'ailleurs, c'était la première fois.

Ils sont debout, collés, face au lit couvert de ces draps blancs qui sentent l'assouplissant. Il l'entoure avec douceur. Un trouble diffus envahit son corps, un bourdonnement enfle dans sa tête comme un bruit de fond venu d'ailleurs. Et cette brûlure délicieuse qui s'étend, s'intensifie, l'envie de la serrer davantage, de sentir sa peau contre la sienne, de déployer ses membres autour d'elle, d'aller en elle. Il se focalise sur cette obsession, oblitère toute pensée, efface le monde autour de lui.

Leurs corps adhèrent l'un à l'autre, multiplient les points de contact, et puis les mains, doucement, survolent leurs peaux, se posent légèrement puis décollent à nouveau, éveillant chaque fois une étincelle de désir, créant immédiatement le manque. Il sent les frissons qu'il fait naître du bout de ses doigts, les ondes qui naissent dans le bas du dos de Miléna et se propagent dans ses membres. Ses mains à elle l'effleurent, lui répondent, explorent, inventent des cheminements, s'amusent dans des détours, se retirent, reviennent vers l'intime sans y accéder vraiment, lentement, si lentement qu'il la supplierait presque d'arrêter le supplice et d'en finir instantanément s'il ne sentait que là, précisément, se trouve le secret.

Ils le savent depuis toujours : leurs deux corps sont faits pour s'entendre, ils recherchent la même chose, ils veulent prolonger indéfiniment la même tension extrême, mener le désir jusqu'à l'intolérable, jusqu'à l'inaccessible. D'emblée, ils ont retrouvé l'accord, ils ont entamé un nouveau dialogue qu'ils veulent interminable, car ils savent cette fois que le plaisir est là, dans cette attente électrique, aux frontières de la souffrance, dans l'accomplissement sans cesse repoussé.

Ils n'ont plus de pensées. Ils ne songent plus qu'aux frôlements immédiats et à la réponse qu'ils suscitent. Parfois, il refait surface, regarde le visage devant le sien, observe ses yeux déjà clos, surveille l'apparition d'un frémissement qui lui indique qu'il est sur la voie. Il ne calcule pas ses gestes, il les invente, réagit à ses réactions. Sans qu'ils le veuillent vraiment, leur étreinte est devenue plus vive. Sous ses doigts, il sent grandir le trouble, il l'éveille, s'en empare. Il comprend qu'il a pris le contrôle, qu'il peut accroître ou ralentir le plaisir, et il en joue, en dose l'intensité, la diminue, l'augmente encore.

Doucement, elle s'aventure. Ses mains à elle entament le même jeu, le saisissent, l'abandonnent, le frôlent à nouveau et l'entraînent plus loin. Elle le serre encore, s'accorde sur son rythme. Il gémit, le corps plaqué contre le mur, comme s'il allait s'y fondre. L'émotion qu'elle éveille en lui l'étourdit, et il pose doucement la main sur la sienne pour qu'il puisse à nouveau se concentrer sur elle.

Il aurait aimé réfléchir à ce qui est en train de se passer, se réjouir de cette harmonie inédite, mais son cerveau se rebelle, ses pensées s'échappent avant qu'il ne réussisse à les formuler. Alors, il capitule enfin, et se livre à son corps tout entier.

— Où sommes-nous ? lui dit-il dans un ultime murmure. Sommes-nous chez l'humain ou chez l'animal ?

— Chut… répond-elle en lui fermant les lèvres. Nous sommes chez nous.

# Quatrième jour

« *Que cherchons-nous, en réalité, dans le mélange fiévreux de nos corps, lorsque nous explorons ce lieu paradoxal où nous célébrons les noces de l'homme et de l'animal, entre douceur et férocité, abandon et possession ? Que cherchons-nous si ce n'est retrouver l'innocence originelle, le rêve d'un temps disparu où nous n'étions qu'un seul sexe, une même entité ?* »

Louis FARRELL, *La Malédiction mammifère.*

# 16

Le jour. Déjà ? Sensations fugaces du soleil sur la peau. Brise légère à travers les rideaux. Leurs corps sont collés, leurs atomes ont fusionné. Ils ne peuvent plus se séparer. Ils ne sont plus l'un et l'autre, mais un seul corps, sans réserve, sans peur désormais. Leurs caresses durent des heures et leurs plaintes une éternité.

Une trêve hébétée pour saisir quelques fruits, un peu d'eau. Et de nouveau les yeux mi-clos, les bouches avides, les caresses réinventées, les peaux affamées. Ils entament une nouvelle mêlée, et toujours le trouble, l'oubli. Ils flottent entre deux mondes, au-dessus des vivants, s'entredévorant avec bonté, remplis d'un désir sans cesse réanimé. C'est l'évidence, ils sont arrivés chez eux, au bout du chemin, au bout des mots.

Le soir, de nouveau ? Comment est-ce possible ? Ils ont perdu la notion du temps. « Tu as vu ? Il fait noir dehors… » Peut-être ont-ils dormi un peu ? Leurs corps ne les ont pas laissés en paix. Insatiables, ils les ont réveillés pour les projeter à nouveau l'un dans l'autre, comme s'il fallait rattraper le temps perdu, combler d'urgence le manque. Ils roulent, déferlent au rythme des vagues, font écho à la mer lointaine, et ils se sentent légers, portés à la dérive par des flots accueillants. Ils n'ont plus de mémoire. Tout est simple maintenant. La douceur, encore. Rien que la douceur. La douceur infinie. Cette intense sensation de vie qui les envahit, les irrigue et les élève au-dessus du monde. Et, de nouveau, la nuit. Et, de nouveau, le désir. Et, de nouveau, l'oubli.

# Cinquième jour

« *L'amour est le seul antidote à la violence mammifère. Il nous adoucit, nous pacifie, nous civilise. Mais quand il brûle avec l'intensité de la passion, sa flamme nous consume et nous anéantit.*

*Hélas, comme des enfants amnésiques, nous retournons inlassablement jouer avec le feu.* »

Louis FARRELL, *La Malédiction mammifère.*

## 17

Combien de temps s'est écoulé ? Maintenant, leurs corps ne sont plus que des ombres épuisées que révèle la lueur de l'aube, leurs peaux sont brûlées par la fièvre qu'ils se sont donnée.

Elle repose, confiante, les yeux fermés. Il contemple les deux os saillants de ses hanches qu'il a aimé empoigner, ses jambes, souples lianes qui l'ont fait plier, sa bouche gonflée d'avoir tant embrassé. Parfois, au cœur de la nuit, lorsqu'ils étaient au sommet de la connivence, le visage de Miléna, soudain, se transfigurait, et ses traits marquaient une telle impression de paix qu'elle ressemblait à la Vierge des tableaux de la Renaissance. Comme… Marie. Oui, cette nuit-là, c'était le visage de Marie qu'il avait embrassé, le corps de Marie qu'il avait enlacé, c'était l'amour de Marie qu'il avait cherché…

Il la contemple, submergé par la tendresse. Miléna… Marie qui revenait… Ce corps-là, il voudrait le protéger, le bercer, le soigner. Il voudrait découvrir son premier regard chaque matin, et, chaque soir, veiller sur le dernier. Il voudrait le coiffer, le baigner, l'habiller… Comme autrefois, il voudrait lui raconter des histoires pour l'endormir, il voudrait la voir danser, nager et courir en lui tenant la main. Il voudrait écrire avec elle, lire avec elle, et parler encore et encore avec elle. Il voudrait sentir sa peau nue contre la sienne, et l'embrasser, l'embrasser, l'embrasser à chaque moment de la journée. Vivre avec elle, vieillir avec elle. Comme s'ils ne s'étaient jamais quittés. Marie... Miléna...

Comme s'ils ne s'étaient jamais quittés...

Il la regarde encore, s'abreuve de sa présence. Nous sommes unis désormais, se dit-il. Tu es Miléna. Tu es Marie. Maintenant, il pourrait mourir. Mourir pour renaître à l'innocence. Mourir d'amour.

Elle a ouvert les yeux. Elle le regarde elle aussi. Ils ne se parlent pas encore, pas tout de suite.

— Bonjour, mammifère, lui dit-elle enfin après l'avoir embrassé.

Sa voix est voilée, affaiblie par le manque de sommeil.

— Bonjour, répond-il.

— A qui pensais-tu ? demande-t-elle.

— A toi. A nous.

— C'est un joli sujet, approuve-t-elle en s'étirant. Avons-nous dormi ?

— Rêvé peut-être...

Ils sourient ensemble, se frottent du bout du museau comme deux chiots, se regardent encore, étonnés d'être là, tous les deux, et d'avoir vécu cela, ces nuits, ces heures qu'ils ne pourront jamais enfermer dans des mots. Une lumière timide filtre à travers les rideaux. Il y a de la paix dans l'air. Le monde s'est mis à l'unisson de leur tendresse. Pas de bruits de circulation sur la jetée, pas de cris d'enfants. Il doit être tôt. C'est une nouvelle journée qui commence.

Elle glisse vers la salle de bains. Elle est légère. Un regard dans le miroir. Elle s'étonne de ses lèvres gonflées, de sa peau souple, de ses traits lissés par le plaisir. Vite, remettre en ordre cette étoupe que sont devenus ses cheveux, brosser ses dents. Pas besoin de maquillage. Un long tee-shirt en guise de vêtement. Elle se sent belle. Elle se plaît.

Il est descendu dans la salle à manger, il a préparé le café et sorti les restes du poulet sur lesquels ils se jettent, affamés. Deux amants insouciants. A nouveau, il se voit avec elle, partageant sa vie, émerveillé chaque matin de commencer une journée avec elle, d'accomplir les gestes quotidiens avec elle. Il n'y aurait pas de routine, pas d'ennui. Elle lui raconterait ses lectures, le dernier roman dont on parle à New York. Il lui soumettrait ses dernières théories sur le monde et la sexualité. Ils discuteraient de l'actualité, s'emporteraient contre les turpitudes de la politique… Et ils se colleraient l'un à l'autre, s'embrasseraient sans trêve…

— Tu sais, c'était comme une… première fois, dit-elle sans le regarder, comme si elle répondait à ses pensées.

Elle savait. Elle aussi, elle avait besoin de se dédouaner. Elle aussi, elle avait besoin d'innocence.

— Oui, acquiesça-t-il stupidement.

Sous l'effet de l'émotion et de la fatigue, il sent ses yeux s'embuer. Miléna l'effraie. Déjà, elle parle d'eux au passé.

Ils sont face à face, yeux dans les yeux, les mains unies au-dessus de la table de la cuisine, soudain gagnés par la mélancolie. Ils laissent le temps s'écouler, pour prolonger la magie. Mais ils redoutent le moment où il leur faudra revenir sur terre.

Une montée d'angoisse étreint Louis. La question lui brûle les lèvres. Il se lance :

— Et maintenant ? commence-t-il.

Elle ne répond pas. Une ombre ternit son visage. Si elle pouvait arrêter la pendule comme on le fait parfois lors des assemblées internationales pour tricher avec les délais imposés… Fixez les aiguilles sur minuit, Monsieur le grand horloger, oui, pile au cœur de la nuit, et ne les bougez plus ! Inventez-nous une nuit interminable, une nuit d'éternité rien que pour nous. Car la nuit est notre alliée, elle nous cache et nous protège. Ah, si elle pouvait suspendre le temps encore un peu, juste un peu…

— Laura et son père…

Il le remarque aussitôt : pour ne pas le blesser, elle n'a pas prononcé le prénom de l'Autre, cet Autre dont elle a pris soin, il lui en sait gré, de ne pas lui montrer le visage, cet Autre dont il ne veut plus entendre le nom. Pourquoi faut-il qu'il y ait toujours un Autre ? Laura et son père… Pudiquement, elle a réduit l'Autre au seul lien avec sa fille, comme s'il lui était étranger.

— Laura et son père rentrent ce soir…

Pas besoin d'en dire davantage. Il vient de se heurter de plein fouet contre un mur… Elle a baissé les yeux vers la table, ses cheveux lui cachant une partie du visage, comme si elle était honteuse. Elle est si pure, si vulnérable, vêtue de ce tee-shirt blanc à travers lequel se dessinent ses courbes exquises. Si désirable… La fée du lycée, tombée du ciel, rapportée par un bon génie. Mais elle va se volatiliser, on va l'arracher à lui. Comme Marie. Il a envie de lui crier : c'est moi ton Autre ! Moi qui n'aurais jamais dû te quitter !

— « L'amour, tendre chose ? Trop dure, trop brutale, trop impétueuse, qui perce comme un dard », dit-il à voix haute, imitant Gringoire, le bouffon blessé.

— *Roméo et Juliette*, je crois, répond Miléna. Pauvre Gringoire…

Elle le regarde à nouveau avec intensité, et il se met à trembler. Alors, il se lance :

— Viens ! lui dit-il précipitamment. Pars avec moi ! Nous sommes allés trop loin maintenant. Viens avec moi ! Tu dois venir avec moi !

Il lui serre les mains avec force, l'empoigne par le cou, lui embrasse les yeux avec violence.

— Il faut que tu viennes, Miléna. Nous nous étions perdus. Nous nous sommes retrouvés.

Voilà qu'elle se lève, s'éloigne vers la baie vitrée, et se détourne pour qu'il ne la voie pas pleurer. Une mouette stupide s'est posée sur la rambarde et observe, intriguée, cette créature étrange secouée par les sanglots. Miléna se recule avec un haut-le-cœur. L'animal a le bec sanguinolent, trace sans doute d'un combat violent avec l'un de ses congénères. Ces oiseaux-là sont cruels au point de se crever les yeux… Elle le chasse d'un revers nerveux de la main.

Elle revient vers la table, se colle contre lui, lui caresse lentement les cheveux.

— Louis, je…

Il ne la laisse pas parler. Il redoute sa réponse.

— Viens avec moi ! Il suffit de le décider. C'est simple. Très simple. Il te suffit de dire « oui ». Tu es libre. Dis oui !

Miléna tremble à son tour. Ses pensées se troublent. Elle s'assied, en proie au vertige. Que lui est-il encore arrivé ? Qu'a-t-elle encore déclenché ? Chemin de droite. Chemin de gauche. Voilà que cela recommence ! Une fois encore, le monde se dérobe, sa vie est construite sur du sable. Jamais elle n'a été aussi heureuse. Ce qui vient de lui arriver, c'est ce qu'elle n'avait plus jamais osé imaginer, son plus beau rêve de jeune fille… Louis ! Cette complicité, ces nuits sauvages, cette tendresse, cet amour… Elle se félicite du courage dont elle vient de faire preuve, de la liberté qu'elle a osé prendre. Que penserait la petite fille de ce que tu es devenue ? Ce matin, elle serait fière, Miléna, oh oui, fière de toi !

Jamais elle n'a été aussi heureuse… Jamais elle n'a été aussi malheureuse. Elle voit le visage confiant de Laura, ses petites fossettes quand elle sourit, elle sent son corps léger blotti contre elle, son corps d'enfant fragile, sa respiration paisible quand elle s'endort, son petit accent rigolo quand elle dit « maman »…

— Il y a Laura, murmure-t-elle enfin.

— Emmène-la, répond Louis, sûr de lui. Qu'elle vienne avec nous !

Il n'a rien calculé, rien prévu. Mais l'évidence est là. Il n'y a pas à réfléchir.

— Viens, supplie-t-il une fois encore. Viens avec elle. Nous n'avons plus le choix maintenant. Viens !

Elle se lève brusquement, lui caresse une fois encore les cheveux, l'embrasse sur les lèvres – comme elles sont brûlantes ! –, bredouille qu'elle va revenir, s'enfuit par l'escalier en colimaçon. Ses pieds nus frappent les marches de bois en petites tapes sourdes, comme le bâton au théâtre juste avant les trois coups.

Là-haut, seule, elle s'immobilise, regarde le lit défait, les draps froissés, le champ de leur bataille amoureuse, l'île où ils se sont réfugiés pendant deux nuits et un jour, ce merveilleux chaos. Là, le monde a changé. Là, enfin, elle est vraiment devenue femme. N'est-ce plus déjà qu'un souvenir ?

Elle regarde la chambre avec une émotion croissante. Son cœur s'accélère, entame une course folle. Comme un automate, elle ouvre la porte du dressing attenant à la salle de bains. Ses robes sont bien alignées sur des cintres, fraîchement repassées. Sur les rayons, ses tee-shirts, chemises, corsages, soigneusement rangés. Dans les tiroirs, les piles de culottes pliées en quatre et, tout en haut, la vieille valise de cuir avec ses grosses lanières, l'élégante, sa préférée qui lui a toujours fait penser aux voyages d'autrefois en diligence. Hissée sur le petit tabouret, elle la tire sans effort, l'ouvre, se saisit d'une pile de culottes. Ne rien laisser d'intime, ne pas laisser de sous-vêtements, rien qui puisse rappeler son corps…

Elle se fige, tétanisée. Elle est à New York, dix ans plus tôt, accomplissant les mêmes gestes, nourrissant les mêmes pensées. Un matin de septembre… Au même moment, des avions pilotés par des décervelés déclenchaient le chaos et des êtres humains se volatilisaient dans un orage de feu. Elle voit des fantômes couverts de cendres qui défilent devant elle. Et Tom, hébété, endormi dans leur appartement. Ce jour-là, elle n'était pas partie. Elle ne pouvait plus partir.

Mais maintenant ? Elle se saisit d'une nouvelle pile de vêtements, la pose dans la valise. Ce soir, il sera là, avec Laura. La petite fille se précipitera dans l'escalier comme elle le fait toujours. Elle l'appellera. Grimpera jusque dans la chambre. Redescendra, inquiète. « Où est maman ? »

Les larmes la submergent. Il faudrait écrire une lettre que Tom découvrira avec stupeur. Il ne comprendra pas. Comment pourrait-il comprendre ? Laura, non plus, ne comprendra pas. Laura, sa petite fille… Elle reviendra la chercher très vite, une fois installée…

La mer, la librairie… Tout ce temps pour en arriver là, tout ce temps pour se construire un monde à elle… Mais ce n'était pas le plus important. Laura… Comme il l'a toujours fait, Tom appellera sa mère. Elle imagine la suite. Les O'Malley, blessés dans leur honneur, feront front. Tom s'en remettra à eux. Elle le sait, ils s'entoureront des meilleurs avocats, des requins prêts à tout, aux pires des mensonges, aux pires des pressions. Les O'Malley mettront autant d'argent qu'il faudra. Elle n'a pas la moindre chance. Elle sera jugée irresponsable, on ne lui accordera pas la garde de l'enfant. Laura sera envoyée de l'autre côté de l'Atlantique. Elle ne la verra plus. Le scénario est écrit d'avance. Laura, sa fille...

Une pluie de cendres la recouvre. Elle se sent anéantie, impuissante, comme il y a dix ans, sur le trottoir de Church Street, lorsqu'elle tendait stupidement des bouteilles d'eau aux rescapés. Elle se laisse tomber sur le sol, se tasse, se recroqueville dans un coin de la pièce, les genoux repliés sur sa poitrine. Elle voudrait disparaître, se fondre dans les murs. Pauvre Louis... Elle a fait la maligne – disons-nous tout, vive la sincérité ! Elle les a menés tous les deux dans une terrible impasse.

Et puis, il y a le passé... Un jour, elle le sait, Louis posera des questions sur « avant », il exigera des détails, toujours plus de détails. Elle hésitera, se sentira coupable, mentira à demi, se rétractera... Ils se déchireront. Pourquoi, demandera-t-il, as-tu accepté cela ? Pourquoi t'es-tu autant soumise ? Pourquoi n'as-tu pas été plus digne ? Petit à petit, il verra en elle une autre femme, inquiétante et trouble, une femme qui s'est compromise par peur, par lâcheté. Il regardera son corps avec méfiance, avec rancœur. Elle le sait, son amour les tuera, comme il a tué Marie.

Elle regarde la valise, hébétée. Ses culottes sont sobres, presque enfantines. Elle n'a jamais aimé la lingerie féminine aguichante, elle la trouve vulgaire et humiliante... Chemin de droite ? Chemin de gauche ? Elle s'imagine avec Louis sur la route qui mène à la gare. Ils marchent main dans la main. Charlot et Paulette Goddard. On les aperçoit de dos, deux petites silhouettes qui s'amenuisent.

L'objectif se réduit jusqu'à devenir écran noir. *Happy end*… Non, la vie n'est pas un film ni un roman. Elle se relève en larmes, se dirige vers l'escalier. Elle ne peut plus faire durer ce supplice.

Le bruit de ses pieds nus sur l'escalier. Elle descend lentement, s'arrête sur les dernières marches. Il voit son visage défait.

— Je ne peux pas, Louis, lâche-t-elle dans un souffle. Je ne peux pas.

Il a compris. Il avait déjà compris. Il ne cherche même pas à argumenter. Un froid glacial vient de le recouvrir. Il se lève sans un mot, dévale le grand escalier vers le rez-de-chaussée. Elle hurle son prénom, le supplie de revenir. Il se bouche les oreilles pour ne pas entendre ses cris, claque la porte avec violence, et court, court vers la mer.

# 18

La mer, l'irrésistible attraction de la mer... Elle déroule devant lui un dégradé de couleurs, turquoise, vert, gris, et va se perdre à l'infini. Ce matin, la ligne d'horizon est indistincte, l'eau et le ciel ne font plus qu'un, un seul univers bleu et paisible s'offre à lui. Pas un nuage, pas de vagues. Seules les légères irisations du soleil naissant animent la surface des flots.

Au loin, des coups secs, métalliques. Des ouvriers démontent le vaste chapiteau qui a hébergé le Salon du livre. La fête est finie. Les auteurs sont redescendus de l'Olympe, ils sont rentrés à Paris ou ailleurs, ils ont retrouvé les heures besogneuses devant leur ordinateur, les maux de ventre, leur migraine et, peut-être, un peu de modestie.

Il nage avec aisance, en brasses amples et régulières. L'eau est douce, mais elle le revigore, le lave de la fatigue. Il a toujours aimé nager. Il sait parfaitement régler le rythme de sa respiration, expirer lentement des petites bulles régulières, le visage immergé, puis inspirer ce qu'il faut d'air avant de replonger. Il a appris à bien coordonner ses membres pour ne pas s'épuiser, à les étirer à la surface pour qu'ils expriment toute leur force. Il adore cette sensation d'apesanteur et de puissance qu'il éprouve en nageant. C'est encore une passion qu'il aurait pu partager avec elle. Avec toi, Miléna.

« Louis ! » Les cris résonnent dans sa tête, étouffés comme dans un rêve lointain. Il songe à elle, à son corps dont il sent encore l'empreinte sur lui, à son visage extatique au cœur de la nuit, à ses plaintes amoureuses. Est-ce celui de Miléna ? Est-ce celui de Marie ? Filant vers le large, les yeux éblouis par les rayons solaires qui jouent avec la surface de l'eau, il lui parle, il se confie à elle, mon intime, mon amie, ma femme…

Sais-tu s'il y a quelque part des endroits où l'on souffre moins ? Où l'amour ne tue pas ? A-t-il toujours ce prix inexorable ? La vie vaut-elle d'être vécue lorsqu'on n'éprouve plus d'estime pour ce que nous sommes devenus, lorsque nous ne ressentons plus d'élan envers nos semblables ? Il vient ce jour où il faut nous résigner à notre insignifiance, à admettre que notre existence n'a pas moins de beauté mais pas plus de sens que l'obstination d'un papillon dans la nuit. Ce jour où il nous faut accepter notre ignorance et désirer, sans remords, sans gravité, retourner à la douce condition de ne plus être et nous fondre dans le vide salvateur comme une goutte d'eau dans l'océan.

C'est toi qui avais raison : on ne change pas le passé. Que faire face à l'inéluctable ? En pleurer ou en rire ? Se tenir debout contre le vent, continuer de faire semblant, user de nos fausses libertés avec panache, faire comme si nous étions grands, puissants et invincibles, et feindre d'aimer d'autres corps en se berçant d'illusions ? Non, je ne veux plus de cette indifférence-là. Plus de petits arrangements avec nos consciences. Je voulais du vrai, du sublime, de l'élégance. Je voulais la fièvre et la passion. Je voulais l'amour, le grand.

Il n'est pas fatigué. Son corps lui paraît plus léger, il glisse avec facilité. Il n'a pas l'impression de faire d'efforts. Le rythme de la nage le berce, l'hypnotise, lui procure une sensation de bien-être et l'envoie dans un rêve bienheureux.

Spontanément, il a adopté des mouvements arrondis, gracieux. Il ne nage plus. Il danse. Il n'a plus de poids, il s'efface, capitule. Le voilà oiseau, délivré de la pesanteur, délivré du corps. Enfin ! Sa légèreté conquise, il en ressent un plaisir intense, une extase sensuelle comme dans l'amour. Tout vibre. Il n'est plus qu'une onde de sensualité et de plaisir.

Il progresse rapidement dans une mer de lumière, aveuglé par les scintillements solaires à la surface de l'eau. Dans les gouttes qui dansent devant ses yeux, il voit une jeune fille aux cheveux blonds qui tournoie en lui souriant, il voit une danseuse de pierre qui soudain s'anime pour lui, il voit Miléna, il voit Marie, ses yeux immenses, le dos ondulant comme une sirène, et puis Giselle, le corps cassé, qui s'effondre comme une poupée de chiffon, et une armée de fantômes couverts de cendres qui avancent lentement. Il entend des rires d'hommes et de femmes, des pleurs, des cris, l'appel d'un enfant.

Le ciel et la mer sont unis. Il n'y a plus qu'une seule lumière, une seule couleur, à la surface de laquelle il flotte. Le soleil blanchit tout devant lui. Le monde est blanc comme à sa naissance. C'est le monde des innocents qui renaissent au néant, l'eau des origines, le liquide d'où il est venu et dont il est fait.

Alors, il prend de la hauteur, contemple les vagues maintenant innombrables, la mer dense de nuages, et la planète des hommes si petite, peuplée de ses naufragés, il voit le gouffre de l'Univers, et il a peur un moment de tomber dans ce puits sans fond, puis il voit les lumières à la surface de l'eau, il sent la mer le prendre, l'envahir tout entier, il la laisse faire et s'abandonne à la délivrance, à l'oubli, et à l'amour infini.

# 19

Elle errait depuis un long moment sur la grève, pieds nus, courant d'un côté puis de l'autre, espérant apercevoir la silhouette de Louis. Elle s'en allait et revenait sur ses pas, le visage inondé de larmes, comme lorsqu'elle était petite, perdue sur une plage qui ressemblait à celle-ci. Elle a trois ans, il fait chaud. La mer est loin devant elle. Elle veut aller la toucher, elle marche, marche, mais l'eau est inaccessible, trop loin, elle renonce, fait demi-tour. Devant elle, il y a des gens, des gens partout, la plage est si vaste, elle s'arrête, désemparée. Où sont ses parents ? Elle se met à courir, mais elle ne reconnaît aucun visage qu'elle croise, elle est seule, toute seule. Paniquée, elle court, court, et se met à pleurer. Deux mains, soudain, la prennent sous les épaules et la soulèvent. C'est maman. Elle l'a suivie discrètement, sans se montrer. Il fallait qu'elle comprenne elle-même qu'elle s'était mise en danger…

Voilà bien ce qu'elle était : une enfant. Une enfant irresponsable et désemparée, comme autrefois. Mais cette fois, sa mère n'était pas là pour lui tendre les bras et la rassurer. Elle était seule au monde.

Elle eut soudain un espoir fou. Elle courut à perdre haleine vers le bout de la plage, escalada les rochers, posa ses pieds nus sur les arêtes coupantes en gémissant de douleur, et manqua plus d'une fois de glisser sur la fine couche d'algues gluantes. La crique… Leur crique aux confidences… Mais là, il n'y avait qu'une mouette affairée à grappiller les restes d'un pique-nique, qui s'échappa en piaillant. Elle regarda en pleurant leur refuge désert, abrité des vents et caché des promeneurs, l'emplacement où ils s'étaient étendus pour contempler les étoiles, les galets avec lesquels ils avaient joué.

Pourquoi était-il parti de cette manière ? Elle avait encore tant de choses à lui dire. Elle ne voulait pas le quitter comme ça, non pas comme ça ! Elle aurait voulu le prendre encore dans ses bras, sentir sa peau contre la sienne, l'embrasser juste encore un peu, l'apaiser, le consoler. Elle ne cherchait pas à ce qu'il lui pardonne, ni même qu'il la comprenne. Il ne pouvait pas comprendre. Il était trop entier, trop impulsif, trop passionné. Elle n'était pas à la hauteur, elle n'avait jamais été à la hauteur.

Elle sentait encore sa présence en elle. Elle voulait encore sa main sur sa peau, ses lèvres sur ses lèvres, ses cuisses contre les siennes, elle le désirait si fort que son corps hurlait de douleur. Elle se jeta sur le sable, face contre terre, pour combler ce manque qui lui arrachait le ventre. Louis… Louis… Elle psalmodiait son prénom en une prière, remplissait l'air de ces deux syllabes pour s'empêcher de crier. Allait-elle devenir folle ? Que fallait-il faire ? Qu'aurait-elle dû faire ?

Le soleil était déjà haut dans le ciel quand elle regagna la librairie. Non, elle n'avait pas rêvé. Tout cela était bien arrivé. L'appartement avait conservé la présence de Louis, il était rempli de lui, de son odeur, de ses murmures, de ses baisers. Les deux tasses de café sur la table de la cuisine, les os du poulet qu'ils avaient dévoré, l'album de photos ouvert sur leurs souvenirs d'adolescence... Elle leva les yeux. Même le mur là-haut parlait de lui et racontait leurs deux corps plaqués l'un contre l'autre, l'irrésistible montée du désir, le plaisir qu'ils s'étaient donné. Elle n'eut pas le courage de se rendre dans la chambre pour affronter le spectacle de leur lit défait. Tout à l'heure, il lui faudra remettre de l'ordre, ranger l'appartement, laver les draps, veiller à éliminer chaque trace... Comme une femme adultère avant le retour du mari. Cette pensée lui fit horreur. Non, elle n'était pas ce genre de femme. Cela n'avait rien à voir ! Avec Louis, c'était autre chose, une grande histoire d'amour, la seule histoire d'amour de sa vie. Et si elle avait trompé quelqu'un, c'était lui ! C'était Louis qu'elle avait trahi !

Elle regardait machinalement par la fenêtre, d'un regard vide, sans rien voir. Et elle songea soudain à la Milena de Kafka, à qui elle devait son prénom et dont elle avait dévoré les recueils. « Souvenez-vous, avait écrit Milena Jesenská, de ces instants innombrables pendant lesquels, à bout de forces, vous avez tourné votre regard vers la fenêtre, quand vous étiez tourmenté par les soucis et le chagrin, quand vous vous êtes dit adieu, quand vous avez eu honte, terriblement, douloureusement… Chaque fois, votre regard s'est dirigé vers la fenêtre, et ce que vous avez vu n'était pas les murs de la rangée des immeubles d'en face, ni ce bout de ciel ou de couronnes d'arbres, mais l'unique possibilité humaine d'échapper à ce qui vous pesait, cette fenêtre donnant sur le monde. »

Milena, disparue quelques années plus tard à Ravensbrück, qui n'avait vraiment connu son grand amour, Franz Kafka, que secrètement pendant quatre jours éblouis, quatre jours seulement… Pourtant, cette femme si courageuse, si libre, si sensuelle, qui avouait « une folle aspiration à vivre autrement », n'avait pas eu la force de quitter son mari.

Miléna… Un prénom précieux, comme aimait le répéter son père, si fier de le lui avoir donné. Elle réalisa qu'elle n'avait jamais associé sa mère à ce choix. Peut-être cette dernière s'était-elle, elle aussi, identifiée à l'autre Milena ? Peut-être avait-elle aspiré, elle aussi, à une autre vie et à l'amour ? Qui sait quels sacrifices sa mère avait consentis pour elle, sa fille, sa Miléna, pour qu'elle ait une chance de vivre en femme libre ? Qui sait si sa propre mère n'avait pas, elle aussi, tourné son regard vers la fenêtre, seule, tourmentée par les soucis et le chagrin, ou saisie par la honte ou la mélancolie ? Si elle n'avait pas vu, au-delà de la rangée d'immeubles parisiens, une autre possibilité humaine, un autre monde ?

Sur la photo posée sur la commode, le regard de Laura semblait la fixer. Elle y chercha en vain un reproche ou une approbation. La petite fille ne pouvait rien lui dire, bien sûr. Elle n'était pas encore entrée dans ce monde-là, dans la grande bataille des hommes et des femmes. Saurait-elle plus tard briser la chaîne infernale, celle de l'abnégation des mères ? Serait-elle plus courageuse, plus volontaire, plus sincère avec elle-même ? Elle l'espérait de toute son âme. Oh oui, comme elle l'espérait !

Là-haut l'attendait la vieille valise de cuir où elle n'avait mis que quelques sous-vêtements, et elle eut à nouveau un accès de pleurs à la vue de cet objet qui, désormais, ne lui parlait plus d'espoir mais, une fois encore, de résignation. Elle n'eut pas le courage de la remettre à sa place, tout en haut des rayonnages. Pas tout de suite… Elle voulait s'imprégner encore un peu de la présence de Louis, juste un peu.

Louis… Louis… murmurait-elle en redescendant l'escalier en colimaçon qu'ils avaient emprunté main dans la main. Elle savait qu'ils ne s'écriraient pas, elle savait qu'elle ne le reverrait plus. Elle prit l'album photo ouvert sur la commode. Sur l'un des clichés, des jeunes gens riaient avec insouciance… Miléna le referma et le rangea dans le tiroir dédié aux souvenirs.

Puis, elle se leva lentement, s'approcha de la fenêtre – la plage, à nouveau, bruissait de cris d'enfants –, et, le front collé contre la vitre comme elle le faisait autrefois, il y a si longtemps, à New York, elle se mit à regarder le monde.

# Epilogue

*« Où êtes-vous donc passées, tendres, insouciantes amies ? Etes-vous devenues aveugles ? Sourdes ? Etes-vous à ce point désabusées pour ne pas réagir ? Anesthésiées par votre vie trop trépidante ou trop légère ? Ne comprenez-vous donc pas ce dont vous êtes l'objet, peut-être les cibles ? Vous capitulez, vous fermez les yeux, vous sacrifiez à ce conformisme coupable qui accepte, voire encourage, les nouvelles subordinations sexuelles, vous bradez ce que les femmes avant vous ont mis des siècles à conquérir : leur liberté.*

*Le changement ne viendra pas des hommes. Personne n'abandonne volontairement ses privilèges. Alors, bougez ! C'est à vous de réagir ! Poussez la vieille pulsion du côté de la douceur ! Mettez-la dans une cage dorée ! Endiguez-la avec vos sentiments ! Emparez-vous du désir ! Féminisez l'érotisme au lieu de chercher à imiter les mâles ! Inondez-nous d'amour à en mourir ! »*

Louis FARRELL, *La Malédiction mammifère.*

Une fenêtre rayée et sale vibrait sous les trépidations du train à grande vitesse. Le paysage semblait flou, un étirement sans fin de plaines monotones et de forêts indistinctes, longue traînée verte qu'interrompait parfois un mur de béton protecteur. En fermant les yeux, un passager à demi endormi pouvait prendre le sifflement de la machine pour celui d'un avion en altitude et se rêver au-dessus de la couche de nuages, dans cette quasi-hypnose propre aux longs voyages où l'esprit se prend à douter de la réalité des choses et s'abandonne à la dérive onirique.

Les pensées du voyageur s'enchaînaient, se superposaient et se brassaient comme dans un kaléidoscope animé par un enfant malicieux : rayons moqueurs du soleil irisant la crête des vagues, gouttes de mer aveuglantes dansant devant ses yeux, scintillements maléfiques qui l'enveloppaient dans leur filet de lumière… Et loin, très loin devant lui, les contours du rivage, la minuscule courbe de la ville recroquevillée entre ses petites falaises, la fine ligne de vie des humains…

Une fois encore, le maudit corps avait trahi. Le corps, trop léger, trop vivant, n'avait pas pu. Il n'avait pu s'en délivrer. L'étreinte terrible de la mer sur sa poitrine avait activé ses réflexes et provoqué le sursaut, le ramenant à la surface de l'eau. Il était revenu lentement, s'immobilisant de temps en temps pour alléger ses membres. Il lui avait fallu des heures pour rejoindre la côte et s'échouer sur le sable, vaincu, résigné. Dorénavant, il ne serait plus un vivant, mais un naufragé.

Dans le train qui l'emmenait, Louis sentait encore le poids de l'effort, son corps comme un fardeau douloureux à traîner, et le souvenir du froid mortel qui mordait la moelle de ses os. Son cerveau avait été lavé par le flot. Il avait cent ans, il n'avait plus de rêves, il rentrait chez lui.

Le paysage défilait comme un film en accéléré sans accrocher son regard. Il aurait pu s'imaginer sur ce même siège, la tête de Miléna tendrement posée sur son épaule. Deux amoureux en fuite. Il ne la reverrait plus. Curieusement, il ne ressentait rien. Un grand vide peut-être, mystérieux comme celui de l'Univers. Le grand vide du corps.

Le sifflement infernal faiblissait, le train ralentissait et approchait de la capitale. Il réalisa qu'il avait dormi tout au long du trajet. A l'autre bout de la voiture, une femme se levait. Fine, longiligne. Cheveux châtains, visage ovale. Elle le regarda brièvement, lui sourit en inclinant gracieusement la tête, puis se détourna. Sa silhouette lui sembla familière. Etait-ce la femme aux yeux bleus qu'il avait croisée à l'aller ? N'était-ce qu'un mirage ? Déjà, la créature était sur le marchepied. Il voulait savoir. Il joua des coudes pour se ménager un passage parmi les voyageurs et sauta à son tour sur le quai. La silhouette s'éloignait dans la foule. Alors, il se précipita dans la masse houleuse des humains et la suivit.

Remerciements

J'aimerais remercier ici mes proches qui m'ont soutenu, conseillé et encouragé au fil de l'écriture de ce livre et qui furent mes premiers lecteurs : Delphine Moussin, Lionel Delanoë, Célia Simonnet, Caroline Caroline et bien sûr, Nicole Bacharan qui a veillé sur cette longue gestation.

Merci aussi à Muriel Beyer et François Taillandier qui m'ont accueilli dans leur famille littéraire.

Cet ouvrage a été composé par IGS-CP
à L'Isle-d'Espagnac (16)

Achevé d'imprimer en mai 2013
par Normandie Roto Impression s.a.s.
61250 Lonrai
N° d'impression : 132177

*Imprimé en France.*

Dépôt légal : août 2013
N° d'édition : 14940